함부로 칭찬하지 마라

심리학이 밝혀낸 아이를 성장시키는
칭찬과 꾸중의 원칙

함부로
칭찬하지
마라

김영훈 지음

"잘했다"는 말이
아이의 의욕을 꺾는다?

"할 수 있다"는 말이
아이의 자존감을 떨어트린다?

연세대
김영훈 교수가
말하는 올바른
칭찬과 꾸중으로
아이의 동기를
끌어올리는 법

21세기북스

'잘했다'는 말이
아이의 의욕을 꺾는 이유

부모가 아이를 훈육할 때 흔히 상식이라고 생각하는 것들이 있다. 칭찬, 긍정적 사고, 보상 등으로 아이를 격려하고 동기를 부여할 수 있다는 믿음이 그 대표적인 예다. 아이가 해낸 작은 일에도 적극적으로 칭찬하며 자신감을 심어주고, 불가능해 보이는 일에도 '할 수 있다'는 긍정의 태도를 주입하며 계속 도전하기를 격려하고, 잘한 일에는 상을 주며 더 열심히 하도록 북돋아 준다. 그런데 우리가 상식이라고 믿는 이런 일들이 정말로 아이를 훈육하는 데 효과적일까? 이를 의심하게 하는 몇 가지 에피소드를 소개한다.

에피소드 1

초등학생 지연이는 수학에 재능이 있었다. 하나를 알려주면 두 개를 알아차렸고, 숙제도 빠뜨리지 않고 꼼꼼하게 해냈다. 자기조절 능력까지 뛰어나 보기만 해도 흐뭇한 아이였다. 당연히 성적도 우수했다. 반면 친구 정은이는 여러모로 부족해 보였다. 수학적 이해력이 떨어져 하나를 알려주면 그 하나를 소화해 내기도 버거웠고, 최선을 다해 숙제를 했지만 매번 미흡한 구석이 눈에 띄었다. 그래서 정은이의 노력이 안타까워 보였다.

나는 이 두 아이가 각자의 방식으로 더 성장하길 바랐다. 어떻게 하면 이들에게 동기를 부여할 수 있을까, 진심으로 고민했다. 그래서 결국 두 아이에게 맞는 각기 다른 전략을 선택했다. 지연이에게는 부족한 점을 짚어가며 꾸중했다. 잘하는 아이일수록 더 높은 기준을 제시해 주어야 한다고 믿었고, 지연이라면 충분히 감당하며 이를 통해 더 완벽해질 수 있을 거라고 생각했다. 반면 정은이에게는 작은 성취도 크게 칭찬해 주었다. 칭찬을 통해 자신감을 얻고 더 노력할 거라고 기대했다.

하지만 결과는 내 예상과 정반대였다. 지연이는 점점 수학에 흥미를 잃었고, 숙제도 대충 하거나 아예 안 하기도 했다. 수업 시간에도 집중하지 않았고, 마치 스스로 자신을 포기한 것처럼 행동했다. 정은이 역시 마찬가지였다. 더 열심히 하기는커녕 현재 수준에 안주하려는 모습이 역력했고, 예전보다 숙제도 소홀히 하기 시작했다.

이 경험은 나를 깊은 고민과 질문에 빠지게 했다. 우리가 흔히 믿어온 칭찬과 꾸중이 정말 아이를 성장시키는 방식이 맞는 걸까? 많은 부모가 '칭찬은 무조건 좋고, 꾸중은 조심해야 한다'라고 믿는다. 하지만 나는 이 책을 통해 강력하게 주장하고 싶다. 그 통념이 언제나 옳은 것은 아니며, 때로는 그 믿음이 아이의 동기를 삭제하고 성장의 가능성을 닫아버릴 수 있다는 것을.

이 책은 단순한 개인적 경험만을 바탕으로 하지 않는다. 심리학 연구는 오래전부터 과도한 칭찬이 아이의 내적 동기를 약화할 수 있으며, 잘못된 꾸중은 도리어 무력감과 포기를 불러올 수 있다는 사실을 반복해서 보여준다. 그러므로 나는 이 책에서 여러 연구 결과를 토대로 부모들이 쉽게 빠지는 칭찬의 함정과 꾸중의 오해를 짚어보고자 한다. 그리고 그 속에서 아이의 마음을 지키면서 동기를 살리는 더 지혜롭고 효과적인 방법을 함께 나누고자 한다. 아이를 위한 진심 어린 칭찬과 진실한 꾸중이 무엇인지, 그 지점을 독자 여러분과 함께 천천히 찾아가 보려 한다.

에피소드 2

중학생 민수는 보기 드물게 긍정적인 아이다. 마치 걱정이라는 감정이 없는 듯 매사에 밝고 낙관적인 태도를 보인다. 그런 민수를 보며 주변 엄마들은 종종 부러움 섞인 말을 건넨다. "민수 어머님은 얼마나 좋으시겠어요. 아이가 저렇게 긍정적이라서요." 실제로 민수는 중간고사 날짜가 가까워져도 긴장하거나 스트레스를 받는 기색이 없다. 오히려 "엄마, 걱정하지 마. 이번 시험 엄청나게 잘 볼 것 같아"라는 말을 입버릇처럼 내뱉는다. 하지만 민수 엄마는 아이의 그런 말을 들을 때마다 오히려 한숨이 깊어진다. 민수는 말만 그럴싸했지 정작 공부는 안 하기 때문이다. 결국 엄마는 참지 못하고 "말도 안 되는 소리 말고 얼른 방에 들어가서 공부나 해!"라며 역정을 내고 만다.

반면 민수의 동생 경수는 정반대의 아이다. 언제나 걱정과 불안이 가득하다. 시험이 다가올수록 더 예민해지고, 급기야는 "엄마, 이번 시험은 망칠 것 같아. 시간이 너무 없어. 그냥 포기할까?"라며 낙담의 말을 쏟아낸다. 그러나 엄마는 알고 있다. 경수가 준비를 전혀 안 한 것도 아니고, 남은 시간도 충분하다는 것을. 차분히 마무리하면 문제없이 시험을 치를 수 있는 상황이다. 그래서 엄마는 "그럴 시간에 공부나 해! 핑계 대지 말고 얼른 들어가서 앉아 있어!"라며 꾸짖는다. 엄마 눈에는 공부하기 싫어서 괜히 핑계를 대는 것처럼 보이기 때문이다.

우리는 일상에서 이런 아이들을 자주 마주친다. 그렇다면 시험을 더 잘 보는 아이는 어느 쪽일까? 민수처럼 근거 없는 낙관으로 자신을 위로하는 아이일까, 아니면 경수처럼 과도한 걱정으로 자신을 압박하는 아이일까? 사람들은 민수처럼 밝은 아이를 더 선호하고, 성공 가능성도 더 크다고 여긴다. 하지만 부모는 본능적으로 안다. 민수도 경수도 어차피 공부를 하지 않는다는 점에서는 별반 다르지 않다는 것을.

나는 이 책을 통해 민수와 경수 같은 아이들의 미래가 실제로 어떻게 펼쳐지는지 심리학 연구를 바탕으로 짚어볼 것이다. 특히 현실에 기반하지 않은 지나친 긍정성과 부정성이 아이의 성적뿐만 아니라 정신건강에 어떤 영향을 미치는지를 살펴볼 것이다. 겉으로는 전혀 다른 모습이지만 결과적으로는 모두 아이의 동기를 약화하는 방향으로 흘러갈 수 있다는 사실을 독자들과 함께 생각해 보려 한다.

에피소드 3

"엄마, 내가 꼭 ○○대학교에 합격해서 엄마를 행복하게 해줄게!" 고등학생 지수가 엄마에게 건넨 이 말은 참 따뜻하게 느껴진다. 엄마는 아이의 말에 행복감을 느꼈고, 지수 역시 자기 말을 스스로 자랑스러워했다. 하지만 나는 그 말을 듣는 순간 마음 한구석이 무거웠다. 대학교 수업 중 학생들에게 "고등학교 때 왜 그렇게 열심히 공부했나요?"라고 물어보면, 많은 학생이 이렇게 대답한다. "엄마가 기뻐했으니까요. 엄마가 행복하길 바랐거든요." 지수는 결코 특별한 아이가 아니다. 많은 아이가 자신을 위해서가 아니라 부모의 기쁨을 위해 공부한다. 그런데 아이러니하게도 아이들은 막상 대학에 들어가고 나면 더 이상 공부를 열심히 하지 않는다. 입학이라는 목표를 달성한 순간, 공부는 '의미 없는 일'이 되어버린다. 자신이 좋아서 한 공부가 아니었기에 동기는 오래가지 않는다.

왜 우리 아이들이 이런 길을 걸어가게 되는 것일까? 아이들은 태어나면서부터 수많은 보상 체계 속에 놓인다. 스티커, 상장, 성적, 대학 입학, 그리고 그보다 더 강력한 보상은 바로 엄마의 칭찬과 기쁨이다. 그러나 이런 보상은 일시적으로는 아이의 외적 동기를 끌어올리지만 결국 '공부는 보상을 위해 하는 것'이라는 인식을 심어줌으로써 내면의 흥미와 자율성을 앗아 간다. 다시 말해 공부 자체를 좋아하게 만들기보다 공부를 '억지로 해야 하는 일'로 받아들이도록 만들어버린다.

이런 현상은 단지 고등학생에서 끝나지 않는다. 좋은 대학을 가도 학점을 위해서 억지로 공부하고, 좋은 직장을 다녀도 월급이나 승진을 위해 억지로 일한다. 모두 보상 때문이다. 나는 이 책에서 부모의 '좋은 의도'로 시작된 보상이 어떻게 아이들의 내적 동기를 약화하는지를 이야기하려 한다. 특히 부모가 아이에게 주는 인정과 칭찬, 기쁨이라는 보상이 아이의 자율성을 어떻게 훼손하고, 또 아이 스스로 의미를 찾는 능력을 어떻게 앗아가는지를 심리학 연구를 토대로 풀어볼 것이다. 그와 함께 부모가 아이를 진심으로 응원하면서 동시에 어떻게 동기를 지켜줄 수 있는지도 함께 고민해 보려 한다.

나는 지난 20년간 칭찬과 꾸중, 긍정적 태도, 보상에 관해 꾸준히 연구해 온 결과를 이 책에 담았다. 자녀에게 어떻게 칭찬과 꾸중을 해야 할까? 어떤 칭찬과 꾸중이 공부에 대한 동기를 높일까? 긍정적 사고가 아이들의 정신건강에 과연 유익할까? 어떤 보상을 줄 때 아이들이 더 열심히 공부할까? 이런 질문에 대한 답을 찾고, 그 답을 어떻게 삶에 적용할 수 있을지 논의해 보려 한다.

CONTENTS 차례

PART1
아이를 격려한다고
믿었던 칭찬의 덫

01
칭찬에 대한 부모의 믿음은 틀렸다

02
칭찬할 때와 혼낼 때를 정확히 파악하라

03
아이를 '잘 혼내는 기술'이 필요하다

PART2
너무 긍정적이지도,
부정적이지도 않은 자기 객관화의 힘

01
긍정의 시대를 살고 있는 아이들

02
'할 수 있다'는 말에 가려진 아이의 자존감

PART3
아이를 성장시키는
올바른 보상의 기술

01
잘하면 상을 준다는 교육 원칙의 재해석

02
좋아서 하는 일의 본질을 흐리지 말라

03
아이를 자립하게 만드는 힘

PART

1

아이를
격려한다고
믿었던
칭찬의 덫

칭찬에 대한
부모의 믿음은
틀렸다

01

초등학교 때부터 공부가 재미없다고 하는 아이들이 있다. 공부에 별로 관심이 없다는 걸 적극적으로 표현하는 아이들도 많다. 정말 싫어서 그럴 수도 있겠지만 그런 경우는 드물다. 초등학교 때부터 공부를 특별히 싫어할 이유가 뭐가 있겠는가? 과도한 기대와 칭찬이 아이들을 그렇게 만들 수 있다. 별것도 아닌데 하나를 잘하면 흥분해서 과도하게 아이들을 칭찬하는 부모가 있다. 물론 아이가 더 열심히 하기를 바라는 마음에서 하는 칭찬일 수 있다. 하지만 아이들은 그 칭찬이 좋으면서도 부담스럽다. 그 칭찬에 부응해야 하기 때문이다. 사실 부모가 원하는 진짜 목적은 그것인지도 모른다.

스스로 실패를
창조하는 아이

초등학교 4학년 다연이는 피아노 학원에 다니고 있었다. 적성에 맞는지 피아노 학원에 다니는 것을 좋아했다. 피아노도 상당히 잘 쳤다. 그래서였을까? 엄마와 아빠는 다연이에게 적잖은 기대를 하고 있었다. 곧 다가올 피아노 콩쿠르에서도 입상할 거라고 믿었고, 그 기대를 다연이가 모를 리 없었다. 피아노를 잘 친다는 칭찬을 많이 들어서 그렇기도 하지만, 엄마와 아빠가 콩쿠르 입상에 대해 자주 이야기했기 때문이다.

하지만 다연이에게는 말 못 할 고민이 하나 있었다. 피아노 학원에 다니는 게 즐겁고 피아노도 잘 쳤지만, 콩쿠르에서 입상할 자신은 없었다. 본인 실력은 본인이 가장 잘 안다고 했던가. 피아노를 잘 치기는 했지만 입상할 정도의 실력은 아니었다. 같이 피아노를 치는 친구들이나 언니들의 실력과 비교하면 충분히 짐작할 수 있었다. 그렇다고 이런 사실을 부모에게 이야기할 수도 없었다. 기대에 찬 엄마 아빠에게 실망을 안겨줄 수 없었기 때문이다. 입상에 실패하면 자기 자존감에 타격을 받을 거라는 것도 또 다른 걱정거리였다. 콩쿠르 날짜가 다가올수록 다연이의 고민은 깊어졌다.

다연이는 어느 쪽이든 결정이 필요했다. 어차피 콩쿠르에서 입상하지 못하면 엄마 아빠가 실망할 게 빤하니 미리 말해두는 게 좋지 않을까 하는 생각도 했다. 그래야만 부모님이 겪게 될 실망감을 줄일 수 있을 거라고 생각했다. 한편으로는 미리 말하지 않는 게 더 나을 거라는 생각도 들었다. 콩쿠르가 시작되지도 않았는데 미리부터 실망감을 안겨주면 부모님이 오랜 시간 속상할 테니 말이다.

다연이는 이 두 가지 선택지 중 어느 쪽을 선택했을까? 부모에게 말했을까, 아니면 말하지 않았을까? 아이들은 어른들이 생각하는 것보다 훨씬 더 영리하고 지혜롭다. 어른들과 마찬가지로 모든 결과를 예측하고, 그 결과에서 비롯될 수많은 이익과 손해를 계산한다. 흥미롭게도 다연이는 어느 쪽도 선택하지 않았다. 그보다 훨씬 더 창의적이고 획기적인 방법을 찾았기 때문이다. 부모가 실망할 일도 전혀 없고 자기의 자존심도 지킬 수 있는 멋진 방법을 창조해 낸 것이다.

다연이는 엄마에게 "엄마, 나 이제 피아노 학원 안 갈래!"라고 선포했다. 엄마가 "피아노 학원을 왜 안 가겠다는 거야? 이유가 뭐니? 엄마에게 말해 봐"라고 하자, 다연이는 한 치의 망설임도 없이 "엄마, 이제 피아노 학원에 가는 것도, 피아노를 치는 것도 다 재미없어"라고 대답했다. 사실 다연이는 엄마에게 거짓말을 했다. 다연이는 피아노 학원에 다니는 게 좋았고, 피아노를 치는 것은 더 재미있었다. 하지만 이렇게 말하는 게 모든 문제를 한 번에 해결할 수 있는 유일한 방법이라고 생각했다.

피아노 학원에 다니지 않으면 콩쿠르에 참가할 일도 없고, 콩쿠르에 참가하지 않으면 부모가 실망할 일도, 본인의 자존심이 상처받을 일도 없기 때문이다. 이보다 더 창의적이고 효율적인 방법이 어디 있겠는가. 다연이가 이런 전략을 짜고 있다는 사실을 엄마 아빠는 꿈에도 알지 못했다. 엄마는 다연이에게 "피아노 학원 선생님에게 혼났니? 친구들과 싸웠니?"라고 물었다. 그런 말을 듣고 순순히 피아노 학원에 다니지 않아도 좋다고 허락할 부모가 어디 있겠는가? 적어도 우리나라에서는 없다. 당연히 엄마는 "피아노 학원을 안 가긴 왜 안 가? 쓸데없는 소리 하지 말고 빨리 가. 엄마한테 혼나기 전에!"라고 다그쳤다. 다연이는 몇 번 반항하다가 엄마의 강압에 못 이겨 억지로 피아노 학원에 갔다.

피아노 콩쿠르를 코앞에 두고 다연이는 어떻게 되었을까? 아이를 키우는 부모들은 아마도 쉽게 예측할 것이다. 다연이는 콩쿠르 전날 몸 상태가 좋지 않았다. 몸살감기 기운이 조금 있었다. 사실 아이가 아프고 싶다고 작정하면 실제로 아프게 되는 것은 그리 어려운 일이 아니다. 심리적 상태가 몸의 상태를 충분히 조절할 수 있기 때문이다. 다연이는 몸 상태를 이유로 콩쿠르에 불참할 명분을 열심히 쌓고 있었다. 다연이의 머릿속은 온통 어떻게 하면 피아노 콩쿠르에 합법적(?)인 방법으로 불참할 수 있을지에 대한 고민뿐이었다.

다연이는 몸 상태가 나쁘면 콩쿠르에 참여하지 않아도 될 거라고 생각했지만 엄마는 아이의 몸 상태가 그 정도는 아니라고 판단했다. 다연이의 작전은 실패했다. 우여곡절 끝에 콩쿠르에 참가했고 예상대로 아이는 입상에 실패했다. 하지만 다연이는 결국 소기의 목적을 달성했다. '피아노 학원에 다니지 않기' 작전은 실패했지만, '콩쿠르 전에 몸 상태를 안 좋게 만들기' 작전은 완벽하게 성공했기 때문이다. 콩쿠르에 참여하기 전에 몸 상태가 좋지 않다는 것을 부모에게 보여준 것만으로도 다연이는 백 퍼센트 목적을 이룬 셈이다. 이유는 간단하다. 콩쿠르에 입상하지 못한 이유를 본인의 실력 때문이 아니라 좋지 않은 몸 상태로 돌릴 수 있기 때문이다.

엄마 아빠는 정말로 "애가 몸 상태가 안 좋아서 입상을 못 했네!"라고 말하며 아쉬워했다. 다연이의 작전이 성공했음을 보여주는 완벽한 증거였다. 또한 다연이는 자기 자존심도 지킬 수 있었다. 콩쿠르 때 몸 상태가 진짜로 좋지 않았기 때문에 그 이유로 입상에 실패한 거라고 자기 자신을 설득할 수 있었다. 충분한 근거가 있었기에 자기 자신을 속이는 데도 큰 문제가 없었다. 이 정도면 엄청난 성공이었다. 결국 다연이는 모든 고민과 우려에서 해방되었다.

◆ 과도한 칭찬으로
  자기의 발목을 잡는 아이들

이런 심리적 현상을 사회심리학에서는 '자기 불구화 현상self-handicapping'이라고 부른다. 자기 자신을 스스로 불구로 만들어버린다는 뜻이다. 자기 불구화 현상은 자기방어적 관점에서 설명할 수 있는 이론이다. 가까운 미래에 실패를 경험할 확률이 높거나 혹은 자신의 무능함이 공개될 확률이 높을 때 사람들은 선제적으로 방어적 행동을 취하게 된다. 긍정적인 자아상을 유지하고 싶기 때문이며, 자기 자신을 보호하고 싶은 동기에서 비롯된다.

방법은 간단하다. 실패할 수밖에 없는 외적인 상황을 미리 조성해 놓으면 된다. 실패가 개인의 능력 때문이 아니라 환경적인 요인으로 설명되도록 미리 설정해 두는 것이다. 쉽게 말하면 미리 핑곗거리와 변명을 만들어놓는 것이다. 자기 불구화 현상이라는 극적인 단어를 사용하는 이유는 이런 핑곗거리와 변명을 '스스로' 만들어 본인이 실패할 수밖에 없는 상황에 놓이게 하기 때문이다. 스스로 자기 무덤을 파는 것과 같다. 그렇게 해서라도 자존심을 지키고 싶기 때문이다. '자기 방해 전략'이기도 하고, '일부러 발목 잡기 전략'이기도 하며, '실패 핑계 만들기 전략'이기도 하다.

다연이의 경우를 보면 자기 불구화 현상이 어떤 식으로 진행되는지 쉽게 알 수 있다. 다연이는 두 가지 전략을 세웠다. 첫 번째 전략은 피아노 학원에 다니지 않는 것이다. 실패할 수 있는 환경 자체를 아예 없애버리는 전략이다. 학원에 다니지 않으면 피아노 콩쿠르에 참여할 필요가 없으니 이보다 더 훌륭한 전략이 없다. 하지만 다연이의 첫 번째 전략은 실패했다. '피아노 학원에 다닐지 말지'에 관한 선택은 엄마가 더 많이 통제하고 있기 때문이다.

하지만 다연이의 두 번째 전략은 성공했다. 다연이는 스스로 몸 상태를 좋지 않게 만들었다. 콩쿠르에 참가해야 했지만, 참가해도 입상하지 못할 상황을 미리 스스로 만들어버린 셈이다. 이런 과정을 통해 다연이가 궁극적으로 추구하는 것은 콩쿠르에서 입상하지 못했을 때를 대비하는 것이다. 입상하지 못한 이유가 본인의 실력이 아닌 몸 상태 때문이라고 보이게 하는 게 다연이의 궁극적인 목표다. 결국 다연이는 성공했다.

자신의 이미지를 보호하기 위해 핑곗거리를 미리 만들어놓는 것은 상처받지 않으려는 인간의 본능이기에 충분히 이해할 수 있다. 시험을 보기 전에 "나는 시험 운이 정말 없어!", "몸이 안 좋아서 공부를 하나도 못했어", "다른 바쁜 일이 있어서 시험 준비를 못 했어", "나는 면접만 보면 너무 긴장해서 그런지 실력 발휘가 안 돼. 나도 왜 그러는지 모르겠어"라고 미리 말하는 것은 그렇게 위험하거나 치명적인 수준은 아니다. 누구나 할 수 있는 핑계이고 적정한 수준에서 하면 자존감을 유지하는 데 도움이 될 수도 있다.

◆ 실패할 핑곗거리를
　 창조하는 아이들

그러나 자기 불구화 현상의 진짜 문제는 다른 데 있다. 실패의 핑곗거리를 소극적으로 찾는 수준에서 끝나지 않고 스스로 창조하는 경우다. 이런 접근은 상당히 위험하고 치명적이다. 스스로 창조한 핑곗거리가 결국 자신을 실패 상황으로 끌고 가기 때문이다. 다연이의 경우도 그렇다.

원래 다연이는 피아노 치는 것도, 피아노 학원에 다니는 것도 아주 좋아했다. 하지만 다연이는 핑곗거리를 창조하기 위해 스스로 학원에 다니는 것을 그만두기로 했다. 누가 강압적으로 시킨 것도 아니고 본인이 스스로 그만두고 싶어 했다. 엄마의 압박에 실제로 학원을 그만둘 수는 없었지만, 만약 그만두었다면 어떤 일이 발생했을까? 피아노를 더 잘 치게 되었을까, 아니면 더 못 치게 되었을까? 당연히 더 못 치게 되었을 것이다. 피아노를 아예 치지 않게 되기 때문이다. 결국 피아노 분야에서 실패하게 되는 것이다. 자기 불구화 현상의 핵심은 본인 스스로 만들어 낸 핑곗거리가 실패를 불러온다는 것이다.

다연이의 두 번째 전략은 어떤 결과를 유발했을까? 몸 상태를 스스로 안 좋게 만든 전략은 다연이의 콩쿠르 참가에 어떤 영향을 미쳤을까? 입상에 도움이 되었을까, 아니면 방해가 되었을까? 당연히 방해가 되었다. 다연이는 스스로 떨어질 수밖에 없는 상황을 만들어놓고 자기 자신을 불구화해 버린 셈이다. 결국 다연이는 스스로 자신을 파괴하는 선택을 했다.

◆ 좋아하는 일을
  스스로 그만두는 아이들

자기 불구화 현상이 불러오는 결과는 실패만이 아니다. 더 슬픈 사실은 '좋아하는 일을 스스로 그만둔다는 것'이다. 이보다 더 슬픈 일이 어디 있겠는가. 무엇이 다연이 스스로 좋아하는 일을 그만두게 했을까?

부모의 과도한 칭찬과 기대가 이런 일을 초래할 수 있다는 것을 다연의 부모는 알고 있었을까? 아마 상상도 하지 못했을 것이다. 엄마와 아빠는 다연이가 피아노를 더 잘 칠 수 있도록 돕고 싶었을 것이다. 그래서 더 많이 칭찬했을 것이다. 동기부여를 위해 좋은 뜻으로 콩쿠르에 대한 기대도 비쳤을 것이다. 하지만 결과는 완전히 반대 방향으로 흘러갔다. 결국 다연이는 콩쿠르가 끝난 뒤 학원을 완전히 그만두었고 더 이상 피아노도 치지 않았다.

　다연이가 능동적으로 스스로 결정한 것처럼 보이지만 엄밀히 따지면 아이는 피해자일 뿐이다. 안타깝지만 이런 과정을 통해 많은 아이가 자신이 좋아하는 일을 스스로 그만둔다. 이는 아이들에게뿐만 아니라 성인에게도 마찬가지로 적용되는 원칙이다. 과한 칭찬과 기대가 불러오는 참사다.

무조건적인 칭찬이 아이에게 미치는 영향

칭찬과 꾸중이 자기 불구화 현상과 직접적인 관련이 있는지 검증하기 위해 나는 한 가지 실험을 진행했다.[1] 283명의 미국인 대학생을 실험 참여자로 모집한 뒤 25개로 구성된 수학 문제를 풀게 했다. 역시나 시험을 잘 본 학생도 있었고, 잘 못 본 학생도 있었다. 다시 시험을 잘 못 본 학생들을 두 그룹으로 나눠 한 그룹에는 "시험을 아주 잘 봤다"라고 칭찬하고, 다른 그룹에는 "시험을 잘 못 봤다"라고 꾸중했다. 시험을 잘 본 학생들도 두 그룹으로 나눠 한 그룹에는 "시험을 아주 잘 봤다"라고 칭찬하고, 다른 그룹에는 "시험을 잘 못 봤다"라고 꾸중했다. 그런 뒤 모든 학생에게 다음과 같이 안내했다.

"몇 분 후에 비슷한 수학 시험을 하나 더 치를 예정입니다. 이 수학 시험에서는 시험을 보는 동안 소음을 들려줄 예정입니다. 소음이 수학 시험 문제를 푸는 데 어떤 영향을 주는지 검증하기 위함입니다. 기존 연구에 의하면 수학 능력이 뛰어나더라도 수학 시험 중 소음이 발생하면 수학 성적이 떨어진다는 연구 결과가 있습니다. 가설을 검증하기 위해 7단계의 소음을 준비했습니다. 1단계는 가장 낮은 소음 레벨이고 7단계는 가장 높은 소음 레벨입니다. 여러분들이 자유롭게 소음 레벨을 선택할 수 있습니다. 소음 레벨을 결정해 알려주면 바로 소음과 함께 두 번째 수학 시험을 시작하도록 하겠습니다."

눈치가 빠른 독자는 이미 알아챘겠지만, 이런 안내 뒤에는 숨겨진 목적이 따로 있다. 정당하지 않은 칭찬과 꾸중이 자기 불구화 현상을 초래할 수 있다는 가설을 검증하기 위해서였다. 자기 불구화 현상은 실험 참여자가 선택한 소음 레벨로 확인했다. 높은 소음 레벨을 선택한다는 것은 자기 불구화 현상으로 볼 수 있다. 소음이 수학 점수를 떨어트릴 수 있다는 핑계를 이미 제공했기 때문에, 두 번째 수학 시험에서 높은 점수를 받을 자신이 없는 학생들은 높은 소음을 선택할 거라고 예상했다. 높은 소음을 선택하면 낮은 성적을 받아도 그 결과를 본인의 실력이 아닌 소음 탓으로 설명할 수 있기 때문이다.

◆ 거짓 칭찬으로
   실패 조건을 찾아다니는 아이들

첫 번째 수학 시험에서 낮은 점수를 받은 학생들은 어떤 피드백을 받았을 때 더 높은 소음을 선택할까? 칭찬을 받았을 때일까, 아니면 꾸중을 들었을 때일까? 낮은 성적에도 불구하고 칭찬을 받았을 때 예측할 만한 반응은 두 가지다.

첫째는 칭찬을 굳게 믿고 두 번째 시험에서도 높은 점수를 받을 수 있다고 생각하는 경우다. 그렇다면 이때는 낮은 소음을 선택할 것이다. 그래야만 자기가 믿는 실력을 제대로 보여줄 수 있기 때문이다. 둘째는 스스로 첫 번째 시험을 잘 못 봤다고 생각하기 때문에 자기가 받은 칭찬에 확신이 없을 수 있다. 이때는 다음 시험도 잘 볼 자신이 없어서 두 번째 시험에서는 칭찬받지 못할 상황을 걱정해야 한다. 이런 경우라면 칭찬받지 못하는 현실을 피하고자 높은 소음을 선택해야 한다. 그래야만 두 번째 시험에서 점수가 낮게 나왔을 때 소음 탓이라는 핑계를 댈 수 있기 때문이다.

나는 낮은 성적에도 불구하고 칭찬을 받은 학생은 높은 소음을 선택할 거라고 예측했다. 두 번째 시험에서 칭찬에 걸맞은 높은 점수를 받을 자신이 없는 학생들이 취할 수 있는 전략이라고 생각했기 때문이다. 첫 번째 시험 뒤 받은 칭찬과 반대로 두 번째 시험에서 낮은 점수를 받았을 때 구겨질 체면과 평판을 생각한다면 당연히 핑곗거리를 미리 설정할 필요가 있다. 그래야만 두 번째 시험에서의 낮은 점수가 본인의 수학 실력이 아닌 높은 소음 탓이라고 설명할 수 있기 때문이다. 이런 상황이라면 현실을 회피하기 위해 높은 소음을 선택하는 것은 훌륭한 전략이 될 수 있다.

반대로 첫 번째 시험에서 낮은 점수를 받은 학생들이 꾸중을 들었을 때는 어떤 소음을 선택할까? 높은 소음을 선택할까, 아니면 낮은 소음을 선택할까? 나는 낮은 소음을 선택할 거라고 예상했다. 시험을 못 봤을 때 핑계를 둘러대면서까지 지켜야 할 대외적인 평판과 이미지가 없어서 자기 불구화 현상을 보일 이유가 전혀 없기 때문이다. 수학 실력이 없는 것

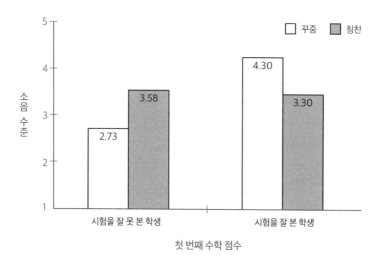

칭찬과 꾸중에 따라 공부를 잘하는 아이와 못하는 아이가 선택한 소음 수준

출처: Kim, Y-H., Chiu, C-y., & Zou, Z. (2010).

꾸중 **칭찬**

소음 수준

2.73

3.58

4.30

3.30

시험을 잘 못 본 학생   시험을 잘 본 학생

첫 번째 수학 점수

도 사실이고, 첫 번째 시험에서 들은 꾸중 역시 사실이기 때문이다.

위의 도표는 첫 번째 시험에서 성적이 낮았던 학생들과 높았던 학생들이 각각 꾸중을 들었을 때와 칭찬을 받았을 때 선택한 소음 수준을 보여준다. 왼쪽 두 개의 막대그래프는 첫 수학 시험에서 낮은 점수를 받았던 학생들을 나타낸다. 그중 흰색 막대그래프는 꾸중을 들었을 때고, 회색 막대그래프는 칭찬을 받았을 때다.

그래프에 나타낸 것처럼, 낮은 성적에도 불구하고 칭찬을 받았던 학생들이 더 높은 소음 레벨을 선택했다. 자기 불구화 현상을 보인 것이다. 칭찬에 걸맞은 높은 점수를 두 번째 시험에서 받을 자신이 없었던 학생들은 높은 소음을 선택함으로써 현실을 회피해 버린 셈이다. 높은 소음이 자존심을 지킬 수 있는 핑곗거리였던 것이다. 더 슬픈 현실은 높은 소음이라는 핑곗거리를 선택하면 절대 시험을 잘 볼 수 없다는 사실이다. 스스로 시험을 못 볼 수밖에 없는 상황을 창조했기 때문이다.

◆ 거짓 꾸중으로
　실패 조건을 찾아다니는 아이들

그럼 첫 번째 수학 시험에서 높은 점수를 받은 학생들은 어떤 피드백을 받았을 때 더 높은 소음을 선택할까? 칭찬을 받았을 때일까, 아니면 꾸중을 들었을 때일까? 높은 성적에도 불구하고 꾸중을 들었을 때 예측할 만한 반응은 두 가지다.

첫째는 꾸중에 반발해 두 번째 시험에서 자신의 진짜 실력을 보여주고 싶을 수 있다. 이런 경우라면 낮은 소음을 선택해야 한다. 그래야만 자기의 실력을 제대로 다시 보여줄 수 있기 때문이다. 둘째는 꾸중으로 의기소침해지고 자신감이 하락할 수 있다. 그래서 두 번째 시험에서도 꾸중을 듣지 않을까 하는 걱정과 두려움을 가질 수 있다. 이런 경우라면 현실을 회피하기 위해 높은 소음을 선택해야 한다. 그래야만 두 번째 시험에서 점수가 낮게 나왔을 때 소음 핑계를 댈 수 있기 때문이다.

나는 두 번째 경우를 예측했다. 실력이 있더라도 '실력이 없다'라는 꾸중을 들으면 의기소침해져서 현실을 회피하고 자기 불구화 현상을 일으킬 확률이 높을 거라고 믿었기 때문이다. 물론 첫 번째 경우처럼 실력이 있는데 꾸중을 들으면 그 의견이 틀렸다는 것을 증명하기 위해 낮은 소음을 선택할 수도 있다. 하지만 그렇게 하려면 엄청난 부담감과 압박감을 감당해야 한다. '실력이 없다'라는 꾸중을 뒤집기 위해 최선의 노력을 다해야 하고, 그렇게 하더라도 실패할 확률을 완벽히 배제할 수는 없기 때문이다. 최선의 노력에도 불구하고 시험을 잘 못 봐서 다시 꾸중을 듣는 상황이 발생한다면 상황은 더 어려워질 수 있다. 이런 경우에 사람들은 '현실 회피'라는 더 쉬운 길을 선택할 거라고 생각했다.

반대로 첫 번째 시험에서 높은 점수를 받은 학생들이 칭찬을 받으면 어떤 소음을 선택할까? 높은 소음을 선택할까, 아니면 낮은 소음을 선택할까? 나는 낮은 소음 레벨을 선택할 거라고 예상했다. 자기 불구화 현상을 보일 이유가 없기 때문이다. 시험을 잘 봤을 때 '시험을 아주 잘 봤다'라는 칭찬을 듣는다면 핑계를 둘러대면서까지 지켜야 할 대외적인 평판과 이미지가 없다. 수학 실력이 있는 것도 사실이고, 첫 번째 시험에서 받은 칭찬 역시 사실이니 말이다.

그래프의 오른쪽 두 개의 막대는 첫 수학 시험에서 높은 점수를 받았던 학생들을 나타낸다. 그중 흰색 막대그래프는 꾸중을 들었을 때를 나타내고, 회색 막대그래프는 칭찬을 받았을 때를 나타낸다. 꾸중을 들은 학생들이 더 높은 소음을 선택했는데, 자기 불구화 현상을 보인 것이다. 높은 성적에도 불구하고 꾸중을 들은 학생들은 자신감을 잃었고, 두 번째 시험에서도 꾸중을 듣지 않을까 하는 두려움에 높은 소음을 선택함으로써 현실을 회피해 버린 셈이다. 혹시라도 두 번째 시험에서 낮은 점수가 나와도 자존심을 지킬 방편이 필요했고, 그게 바로 높은 소음이었다.

이 결과에서도 슬픈 현실은 높은 소음이라는 핑곗거리를 선택하면 학생들은 절대 시험을 잘 볼 수 없다는 사실이다. 스스로 시험을 못 볼 수밖에 없는 상황을 창조했기 때문이다.

◆ 부모의 거짓 칭찬과 꾸중은
   아이에게 실패를 사주한다

이 실험의 결과는 '거짓 칭찬'과 '거짓 꾸중'이 아이들에게 동기부여의 역할을 전혀 하지 않는다는 것을 보여준다. 오히려 아이들은 부모의 그런 피드백으로 인해 실패할 수밖에 없는 상황을 적극적으로 창조한다. 거짓 칭찬과 꾸중이 결국에는 아이들을 실패로 몰아넣는 것이다. 거짓 칭찬에 부응할 자신이 없는 아이들과 거짓 꾸중에 낙심한 아이들은 공통으로 본인의 자존심과 이미지를 지킬 방안을 찾아 헤맨다. 그것들은 정당하지 않은 거짓이기 때문이다.

그리고 아이들은 자기들이 스스로 창조한 핑곗거리 때문에 실패할 수밖에 없다. 이 모든 과정은 거짓 칭찬과 꾸중에서 시작된다. 아이들이 스스로 선택한 어리석은 실패처럼 보이지만 사실은 부모가 제공한 거짓 피드백에 의해 조작된 실패일 뿐이다. 부모의 이런 거짓 칭찬과 꾸중은 아이들에게 실패를 사주하는 것과 같다.

시험이 다가오면
왜 일부러 공부를 안 할까

초중고 학생들에게서 종종 목격되는 이상한 행동 패턴이 몇 가지 있다. 첫째, 중간고사와 기말고사 날짜가 임박하면 오히려 공부를 열심히 하지 않는다는 것이다. 이상한 행동 패턴이라고 말하는 이유는 이 학생들이 평상시에는 공부를 열심히 하고 성적도 좋기 때문이다. 이런 행동은 주로 공부를 아주 잘하는 학생들 사이에서 발생한다는 점에서 더욱 흥미롭다. 특정 과목에만 이런 경향을 보이기도 한다.

민수라는 아이는 국어를 잘하지 못했다. 중학교 때까지는 아주 잘했는데 고등학교에 들어가면서부터 국어 과목에서 유독 낮은 점수를 받았다. 고등학교 1학년 첫 중간고사에서 낮은 점수를 받은 후, 그 아이는 자기가 국어에 치명적인 약점이 있다고 단정 지었다. 심지어 민수 엄마도 그렇게 생각하는 것 같았다. 국어를 제외한 다른 과목은 잘했다. 그래서 선생님들과 친구들 사이에서는 공부를 잘하는 학생 중 한 명으로 인식되곤 했다.

그러나 민수는 이상하게도 첫 중간고사 이후로 시험 전에 국어 공부를 하지 않았다. 다른 과목에 들이는 시간과 노력에 비하면 거의 안 한다고 봐도 무방할 정도였다. 그러니 당연히 시험 점수가 좋을 리 없었다. 시험을 볼 때마다 안타까운 점수를 받아왔다.

알고 보니 국어 공부를 하지 않는 것은 민수의 계산적이고 의도된 전략이었다. 국어 공부를 열심히 하면 치명적인 위험에 노출될 수 있기 때문이다. 국어 공부에 많은 시간과 노력을 투자했음에도 불구하고 예전처럼 낮은 점수가 나오면 위험해질 수 있기 때문이다. 자신이 '똑똑하지 않다'는 사실이 만방에 알려져 '공부를 잘한다'라는 평판에 금이 갈 테고, 그러면 본인에게만 치명적인 상처가 되는 게 아니었다. 부모들에게까지 알려지는 공개적인 위험이었다.

◆ 공부가 재미없고
　싫다고 말하는 아이들

민수가 선택한 방법은 공개적으로 국어 공부를 하지 않는 것이었다. 공부하지 않았으니 국어 성적이 낮은 요인을 환경 탓으로 돌릴 수 있었다. 공개적으로 핑곗거리를 창조한 셈이다. 그냥 무작정 국어 공부를 안 할 수 없으니, 민수는 명분을 만들어 내기 시작했다.

"아빠, 국어 공부를 왜 해야 하지? 국어가 인생에 무슨 도움이 돼? 글을 읽고 쓸 줄 알면 되는 거 아냐? 시인의 의도를 왜 물어보는 거야? 내가 그걸 어떻게 알아? 사람마다 다르게 해석할 수 있잖아. 내가 왜 숨은 뜻을 찾아내야 해? 고전 문학을 왜 공부하는 거야? 이게 답이 맞아? 왜 이게 답이 되는 거야? 난 국어 지문도 이해하기 힘들고 동의하기도 어려워! 왜 이런 걸 억지로 공부시키는 지 도저히 이해할 수 없어!"

민수는 매일 이렇게 중얼거렸다. 아빠를 설득하는 노력처럼 보였지만 사실은 열심히 자기 자신을 설득하는 과정이기도 했다. 이 모든 과정은 자존심을 지키려는 민수의 피나는 노력이었다. 이런 현상은 특별히 다른 사람들이 자기를 똑똑하다고 생각할 때 주로 발생한다. 똑똑하다는 대중의 평판을 지키기 위해 자기 불구화 현상이 작동하는 것이다. 앞에서도 이야기했듯이 문제는 이런 과정을 거치면서 진짜로 공부를 못하게 된다는 사실이다. 스스로 공부를 못할 수밖에 없는 상황을 창조하고 만들어가기 때문이다. 이보다 더 안타까운 현실이 어디 있겠는가.

초등학교 때부터 공부가 재미없다고 하는 아이들이 있다. 공부에 별로 관심이 없다는 것을 적극적으로 표현하는 아이들도 많다. 정말 싫어서 그럴 수도 있겠지만 그런 경우는 드물다. 초등학교 때부터 공부를 특별히 싫어할 이유가 뭐가 있겠는가? 과도한 기대와 칭찬이 아이들을 그렇게 만들 수 있다. 별것도 아닌데 하나를 잘하면 흥분해서 과도하게 아이들을 칭찬하는 부모가 있다. 물론 아이가 더 열심히 하기를 바라는 마음에서 그럴 수 있다. 하지만 아이들은 그 칭찬이 좋으면서도 부담스럽다. 그 칭찬에 부응해야 하기 때문이다. 사실 부모가 원하는 진짜 목적은 그것인지도 모른다.

그러나 칭찬이 과도하거나 계속 유지할 수 없다고 판단되면 아이들은 자기 불구화 현상에 빠지게 된다. 아이들은 '엄마, 나는 그렇게 잘하지 않아! 사실 나는 잘하지 못해!'라고 말할 수 없다. 아이들도 어른 못지않은 자존심이 있기 때문이다. 그래서 자존심을 구기지 않으면서 엄마에게 실망을 주지 않는 방법을 찾는다. 생존하기 위한 처절한 몸부림을 어렸을 때부터 배우는 셈이다. 그래서 재미없다고, 관심 없다고, 공부가 싫다고 이야기한다. 좋아할 수도 있고 잘할 수도 있는데 말이다. 누가 아이들을 이렇게 만들었을까? 부모의 과도한 칭찬과 기대가 범인일 수 있다. 정작 부모는 모르겠지만 말이다.

◆ 시험 보기 전에 꼭 아픈 아이들

학생들이 보이는 또 하나의 이상한 행동 패턴 중 하나는 중간고사와 기말고사 전날 아프다는 것이다. 평상시에는 건강에 아무런 문제가 없다가도 시험 전날만 되면 몸 상태가 안 좋아진다. 가짜로 아픈 척하는 것처럼 보일 수 있지만, 진짜로 몸 상태가 안 좋은 경우가 많다. 모든 시험에 그런 경향을 보이는 것은 아니다. 이것도 선택적인 경우가 대부분이다.

내가 개인적으로 아는 한 학생은 모의고사 전날에는 전혀 아프지 않고 최선을 다해 시험을 준비했다. 하지만 신기하게도 중간고사와 기말고사 전에는 항상 몸 상태가 좋지 않았다. 아파서 시험을 보지 못하는 상황까지 발생하곤 했다. 왜 그럴까? 그 학생은 유명한 자립형 사립 고등학교에 다니고 있었는데, 전국 모의고사에서 아주 좋은 성적을 받는 공부 잘하는 학생이었다. 하지만 학교에 공부를 잘하는 학생들이 많아 내신 경쟁이 치열하고, 결과적으로 내신 성적이 좋지 않았다.

이 학생은 어차피 정시를 통해 대학에 입학할 계획을 세웠기 때문에 내신을 완전히 포기할 수도 있었다. 공개적으로 학교 시험을 보지 않을 수도 있었다. 하지만 공부를 잘하던 그 학생은 그런 전략을 쓰지 않았다. 그 전략은 내신 성적이 좋지 않아 어쩔 수 없이 정시를 준비하는 학생으로 비칠 수 있기 때문이었다. 내신 경쟁에서 살아남을 수 있을 정도로 똑똑한 학생이 아니라는 것을 공개적으로 밝힐 수는 없었다.

그래서 그 학생은 결국 아프기로 한 것이다. 정당한 핑계를 만들어 학교 시험에서 성적이 낮을 수밖에 없는 상황을 창조한 셈이다. 이런 자기 불구화 현상에 매몰되면 성적이 떨어질 수밖에 없다. 실제로 공부를 안 하게 되기 때문이다. 이런 태도와 행동은 결국 수능 시험 결과에도 영향을 줄 수밖에 없다.

왜 이런 현상이 벌어졌을까? 시험까지 보지 않고 자기 자신을 파괴해 가며 지키고 싶었던 자존심과 평판은 도대체 어디에서 비롯된 것일까? 주위 사람들에게서 감당할 수 없는 칭찬과 기대를 받았기 때문이다. 부모를 비롯한 주위 사람들의 칭찬과 기대를 깰 수 없어서 불가피하게 자기 불구화 현상 전략을 취하는 것이다. 좀 더 객관적이고 현실적인 피드백을 받았다면 그렇게까지 자신을 파멸로 몰아가지는 않았을 것이다.

◆ 숨어서 몰래 공부하는 아이들

학생들이 보이는 또 하나의 이상한 행동 패턴은 공부하는 모습을 친구들에게 보이지 않는다는 것이다. 공개적으로 잠을 자는 모습을 자주 보여주기도 한다. 공부에 관심이 없는 척 연기를 하기도 한다. 기회만 있으면 운동을 하거나 딴짓을 하기도 한다. 하지만 혼자 있을 때는 열심히 공부한다. 숨어서 공부하는 셈이다. 주위 사람들의 칭찬과 기대가 과하면 이런 경향을 보이기 쉽다.

이런 자기 불구화 전략은 이를 취하는 학생의 관점에서 상당히 매력적으로 느껴질 수 있다. 혹시라도 성적이 잘 나오지 않을 상황을 대비할 수 있기 때문이다. 매일 노는 모습을 보여줬으니 완벽한 핑곗거리가 있는 셈이다. 원래 공부를 잘하는 아이라면 훨씬 더 설득력 있는 변명이 될 수 있고, 실제 그런 아이들이 이런 전략을 사용할 확률이 높다. 주위 사람들의 기대와 칭찬에 부응할 수 없다고 판단할 때 취하는 전략이다.

혹시라도 성적이 잘 나오면 이 전략은 더욱 빛을 발한다. 공부를 열심히 하지 않았는데도 불구하고 성적이 잘 나왔다는 게 무슨 뜻일까? 엄청 똑똑하다는 뜻이다. "와, 쟤는 맨날 자고 노는데 어떻게 저렇게 성적이 좋냐? 쟤만 보면 정말 좌절이다. 나는 매일 놀지도 않고 쉬는 시간도 아껴가며 공부해도 이 성적인데…." 친구들과 선생님들 사이에서 이런 말들이 돌아다니면 대성공이다. 그래서 '공부하는 모습을 보여주지 않는' 전략을 취하는 학생으로서는 '꿩 먹고 알 먹고' 전략이 될 수 있다. 시험을 못 봐도 잃을 게 하나도 없다. 엄청나게 노는 모습을 이미 보여줬기 때문이다. 반면 시험을 잘 보면 엄청난 이익을 챙길 수 있다. 그런데 문제는 이런 전략을 취하면 장기적으로 성적이 낮아질 수밖에 없다는 점이다. 공부하는 양이 점점 줄어들기 때문이다. 주위 사람들의 과도한 칭찬과 기대로 어쩔 수 없이 취하는 자기 불구화 현상일 뿐이다.

◆ 아이를 비겁하게 만드는
   과도한 칭찬과 기대

과도한 칭찬과 기대가 아이들에게 동기부여가 된다고 생각하면 안 된다. 아이들에게 아무 말도 하지 않는 게 차라리 훨씬 더 좋은 접근일 수 있다. 부모의 무분별한 칭찬과 기대로 인해 아이들은 스스로 파멸의 길을 선택할 수 있다. 정당하지 않게 얻은 자존심과 평판을 지킬 수 있는 유일한 방법이 미래의 실패에 대한 핑곗거리를 만드는 것이기 때문이다.

  아주 멍청하고 비겁한 방법이라고 아이들을 나무랄 수 있다. 하지만 주위 사람들의 과도한 칭찬과 기대를 충족시킬 수 없을 때 아이가 생각해 낼 수 있는 것은 자기 불구화 현상뿐이다. 그런 과정을 통해 아이는 자신감을 잃어가고 삶에서 실패하게 된다. 핑곗거리와 평판 유지에만 관심을 가지기 때문이다. 아이의 잘못이 아니고 '거짓 칭찬'과 '거짓 꾸중'을 동기부여 수단으로 일삼는 사람들의 잘못이다. 모든 칭찬과 꾸중은 진실해야 하고 객관적이어야 한다. 칭찬과 꾸중은 정당하고 사실적일 때 의미가 있고, 자기 불구화 현상에서 완전히 자유로울 수 있다.

칭찬할 때와
혼낼 때를
정확히 파악하라

02

공부에 대한 아이의 내적 동기를 올리는 게 우리의 최종 목표라면 우리는 정당한 칭찬과 꾸중을 사용해야 한다. 잘한 아이에게는 잘했다고 칭찬하고, 잘못한 아이에게는 잘못했다고 꾸중해야 한다. 아이에게만 해당하는 사항이 아니다. 자녀든, 직장 동료든, 친구든, 배우자든 모두 똑같다. 바르고 정확한 피드백이 내적 동기를 올릴 수 있는 유일한 길이다. 잘하지 못하는 아이에게 칭찬을 통해 내적 동기를 올리려는 미국인의 자세도, 잘하는 아이에게 꾸중을 통해 내적 동기를 올리려는 전통적인 한국인의 자세도 모두 틀렸다. 우리에게 필요한 것은 진실한 칭찬과 진실한 꾸중이다.

칭찬의 힘을 믿는 미국,
꾸중의 힘을 믿던 한국

20년 전에도 그랬지만 지금도 서점에는 칭찬의 긍정 효과에 관해 역설하는 책들이 아주 많다. 대한민국 사람 중에 『칭찬은 고래도 춤추게 한다』라는 제목의 책을 모르는 사람은 드물 것이다. 그 책의 앞표지에는 '인간관계를 바꾸는 칭찬의 노하우'라는 부재가 달려 있다. 한때 우리는 '서로 칭찬합시다'라는 구호를 내세우며 학교에서 그리고 직장에서 전 국민이 칭찬하기를 연습하던 시기도 있었다. '칭찬은 고래도 춤추게 한다'를 패러디해 '칭찬은 남편을 춤추게 한다'라는 표어가 한때 큰 유행을 일으키기도 했었다. 온라인 세상을 돌아다니다 보면 칭찬의 긍정 효과에 대해 조언하는 글들과 이미지를 수천 건 이상 찾아볼 수 있다. 아주 구체적인 방법까지 제안하며 칭찬의 습관화를 부추긴다.

사람을 처음 만나면 칭찬할 구석을 억지로라도 찾게 된다. 왠지 칭찬으로 대화를 시작해야 할 것 같기 때문이다. 하물며 어린아이를 만나더라도 첫 문장은 항상 "너 너무 예쁘게 생겼다"로 시작한다. "어머, 얼굴이 너무 좋아 보여요", "더 젊어지신 것 같아요!", "야, 너는 살이 더 빠진 것 같다! 비법이 뭐야?"라는 말들을 우리는 인사말의 관용어처럼 사용한다.

심지어 "와, 피부가 어떻게 그렇게 좋으세요!"라며 상대방의 피부 상태까지 소환한다. 그래서인지 칭찬할 거리를 못 찾으면 당황스럽기까지 하다. 꾸중해야 하는 상황에서도 우리는 칭찬을 먼저 하는 배려(?)를 잃지 않는다. 칭찬을 무슨 만병통치약처럼 생각하는 것 같다. 칭찬의 내용이 사실이든 아니든 그것은 그리 중요하지 않다. 칭찬한다는 것 자체가 중요하다. 또한 이런 칭찬이 관계에 큰 도움이 될 거라고 믿는다. 이런 칭찬이 우리의 삶을 폐허로 만들 수 있다는 사실은 상상도 못 한 채 말이다.

◆ 우리가 언제부터
　칭찬을 미덕으로 생각했을까

우리가 원래부터 이런 태도를 지녔던 것은 아니다. 한국인은 원래 칭찬과 거리가 먼 민족이었다. 칭찬을 아부와 권모술수로 생각하던 시절도 있었다. 그래서 지금도 칭찬을 부담스러워하는 사람이 많다. 오히려 우리는 꾸중을 미덕으로 생각하는 민족이었다. 사랑하면 사랑할수록 우리는 꾸중이라는 매를 들었다. 칭찬이라는 당근은 애초 선택지에 없었다. 혹독한 꾸중으로 사람을 바로 잡으려 했고, 더 성장시키려 했으며, 일에 대한 동기를 끌어 올리려 했다.

　특히 학교생활은 꾸중의 연속이었다. 꾸중은 교육에서 가장 중요한 본질이었다. 집에서도 꾸중을 듣지 않으면 하루가 지나가지 않을 정도였다. 자녀를 꾸중한 담임 선생님을 찾아가 어머니는 머리를 조아렸고 더 혼내 달라는 부탁을 잊지 않았다. 직장 생활도 크게 다르지 않았다. 꾸중과의 사투가 직장 생활의 핵심이었다. 모르는 아이라 할지라도 동네 어른들은 잘못된 아이를 꾸짖는 데 주저함이 없었다. 어른의 사명이라고 생각했다. 꾸중은 사랑과 관심의 표현이었고 사람을 성장시키는 중요한 뿌리라고 생각했었다.

하지만 이제 이런 꾸중을 우리 삶 속에서 더는 찾아볼 수 없다. 집에서도, 학교에서도, 직장에서도 마찬가지다. '꼰대'라는 시대적 장벽 앞에서 꾸중은 온데간데없이 자취를 감췄다. 대신 칭찬이 난무하는 시대가 열렸다. 여러 가지 이유가 있겠지만 그 중심에는 미국 문화권에 기초를 둔 긍정심리학이 있다.

그렇다고 긍정심리학을 탓할 수는 없다. 긍정심리학의 본질과 우리가 받아들인 긍정심리학 사이에는 엄연한 차이가 있기 때문이다. 긍정심리학은 미국 펜실베이니아대학교 심리학과 교수 마틴 셀리그먼^{Martin Seligman}에 의해 창시되었다. 부정적인 상태를 치료하거나 완화에 목표를 둔 기존 심리학적 방향에 반기를 들며 그는 '긍정심리학'이라는 새로운 학문 분야를 개척했다. 셀리그먼 교수는 행복한 삶을 위해서는 단점을 완화하기보다 장점을 계발하고 발전시키는 게 훨씬 더 유익하다고 주장했다. '잡초를 뽑지 말고 꽃을 심어라'라는 말과 같은 맥락의 이론이다. 충분히 설득력 있는 주장이었고 수많은 연구 결과가 그의 주장을 지지했다.

하지만 문제는 우리가 긍정심리학을 받아들이는 과정에서 발생했다. 안타깝게도 우리는 이 긍정심리학의 본질을 버리고 껍데기만 수입했다. 혹독한 꾸중에 상처받은 우리는 긍정심리학을 '칭찬하기'로 해석해 버린 것이다. '무조건 칭찬하기' 혹은 '무조건 자신을 긍정적으로 바라보기'로 해석하고 적용해 버렸다. 혹독한 꾸중에 힘들어하던 우리에게 긍정심리학은 그렇게 다가올 수밖에 없었다. 아쉽게도 이런 과정을 통해 우리는 꾸중에 대한 전통적인 태도를 완전히 잃어버렸다.

◆ 칭찬의 힘을 신봉하는 미국 사람들

칭찬과 꾸중에 대한 동서양의 차이는 아직도 극명하다. 특히 미국 사람들은 칭찬을 밥 먹듯이 한다. 칭찬에 대한 단어들도 수없이 많다. excellent, fantastic, great, wonderful, phenomenal, outstanding, impressive, super, very good, awesome, extraordinary, top-notch, brilliant, remarkable 등의 단어가 일상의 삶에 녹아 있다. 하지만 상대적으로 꾸중에 관한 단어들은 찾아보기 힘들다. 있어도 거의 사용하지 않는다.

미국에서 유학하는 외국인 학생들이 가장 먼저 경험하는 문화적 충격 중 하나가 미국 교수들과 일반인들이 사용하는 칭찬이다. 그들은 습관적으로 'excellent'라는 단어를 사용하며, 그리 좋은 성과가 아니더라도 'good'이라는 단어를 어렵지 않게 사용하고, 정말 별로인 성과라면 'okay'라는 단어를 사용한다. 가장 나쁜 피드백이 'okay'인 셈이다.

이런 태도는 미국인들이 가지고 있는 향상 초점과 깊은 관련이 있다. 향상 초점은 긍정적인 결과에 초점을 맞추는 태도로, 어떤 일이든 긍정적인 부분이 있는지 없는지에 관심이 많다. 그래서 향상 초점이 높은 미국인들은 피드백 때도 대부분 꾸중보다는 칭찬하는 경우가 더 많다. 피드백을 받는 것 자체를 칭찬으로 인식하기도 한다. 한국인들에게서는 찾아보기 힘든 태도다.

이런 미국인의 태도에는 두 가지 믿음이 숨어 있다. 첫째, 칭찬은 사람을 고무시키고 동기를 부여한다고 믿는다. 성과가 기준에 못 미칠수록 더 칭찬해야 한다고 생각한다. 칭찬을 하면 사람이 흥이 나서 더욱 열심히 일하게 된다고 여기기 때문이다. 하지만 꾸중에 대해서는 적대적인 태도를 보인다. 꾸중은 사람의 동기를 앗아갈 수 있다고 믿는다. 정확하고 객관적인 꾸중이라 할지라도 꾸중은 여지없이 동기를 훼손할 수 있다고 여긴다. 즉, 동기부여의 수단으로 꾸중보다는 칭찬을 선택하는 것이다.

둘째, 꾸중은 정신건강에도 좋지 않다고 믿는다. 미국 사람들은 우리보다 훨씬 예전부터 정신건강에 관심이 많았다. 그래서였을까? 미국인들은 꾸중과 같은 부정적인 언어에 대해 상당히 비판적인 태도를 보인다. 쓸데없이 꾸중했다가 성과는 둘째치고 정신건강을 해칠 수 있다고 믿기 때문이다. 그래서 현실성이 좀 없더라도 칭찬과 같은 긍정적인 언어들을 통해 정신건강을 지켜야 한다고 믿는다.

◆ '오케이'는 한국인에게 최고의 찬사

한국에서 어떤 과제에 대해 '오케이!'라는 피드백을 받는다면 이는 어떤 의미일까? 일반적으로 '오케이'는 아주 좋은 성과일 때만 사용하는 단어다. 이보다 더 긍정적인 칭찬이 있을 수 없다. 반면 미국 사람에게는 가장 나쁜 피드백이다. 영어 'okay'를 비슷한 뉘앙스의 한국어로 번역하면

'괜찮아' 정도밖에 되지 않는다. 박해도 너무 박한 단어가 아닐 수 없다. 오케이보다는 별다른 피드백이 없을 때 오히려 잘했다고 생각할 정도다. 한국인들이 칭찬에 얼마나 인색한지를 알 수 있는 부분이다.

이런 태도는 예방 초점prevention focus과 깊은 관련이 있다. 한국 사람은 피드백 때 잘못한 부분이 있는지 없는지 판단하는 데 관심이 많다. 이렇게 부정적인 결과를 예방하는 것에 초점을 맞추는 태도를 심리학에서 예방 초점이라고 부른다. 한국인은 예방 초점이 강하다 보니 피드백에서 꾸중이 더 큰 역할을 한다. 피드백을 받는다는 것 자체를 꾸중으로 인식하고 고쳐야 할 부분에 대한 의견을 듣는다고 생각하기도 한다. 잘못한 부분을 없애는 게 가장 중요한 과제이기 때문이다. 이런 측면에서 보면 오케이가 얼마나 훌륭한 피드백인지 쉽게 이해할 수 있다. 오케이라는 단어에는 특별한 문제가 없다는 의미가 담겨 있기 때문이다.

그래서일까? 전통적으로 한국 사람들은 피드백 때 잘한 부분에 대해서는 잘 이야기하지 않는다. 이런 한국인의 태도에는 남다른 철학이 숨어 있다. 꾸중은 사람을 고무시키고 동기를 부여한다고 믿기 때문이다. 성과가 좋지 않은 사람에게 하는 꾸중뿐만 아니라, 성과가 좋은 사람에게 하는 꾸중도 의미 있는 일이라고 생각한다. 그래야 최고 수준의 성과를 낼 수 있을 거라고 믿는다. 칭찬이 아닌 꾸중을 동기부여 수단으로 사용한 것이다. 오히려 칭찬은 만족과 나태함을 불러와 동기를 떨어트릴 수 있다고 생각한다. 그래서 웬만해서는 칭찬하지 않고, 웬만큼 잘해서는 꾸중을 피해 가기 어렵다.

칭찬과 꾸중,
어느 쪽이 더 성적을 향상시킬까

미국에서는 칭찬을 통해 아이의 동기를 끌어 올리려 한다. 성적이 낮은 아이에게도 '잘했다'라는 칭찬을 주저하지 않는다. 반면 한국에서는 꾸중을 통해 아이의 동기를 끌어 올리려 한다. 성적이 높은 아이에게도 '잘하지 못했다'라는 꾸중을 주저하지 않는다. 누구의 태도가 옳을까?

미국 사람의 믿음처럼 성적이 낮은 아이에게 잘했다라고 칭찬하면 동기부여가 되어 그다음 시험에서 더 높은 성적을 얻게 될까? 아니면 한국 사람의 믿음처럼 성적이 높은 아이에게 잘하지 못했다고 꾸중하면 동기부여가 되어 그다음 시험에서 더 높은 성적을 얻게 될까?

위 질문을 다르게 표현하면 성적이 낮은 아이들에게는 어떤 피드백을 해주고, 성적이 높은 아이들에게는 어떤 피드백을 해주어야 그다음 시험에서 더 높은 성적을 얻게 될까에 관한 질문이다. 성적이 낮은 아이에게 하는 칭찬은 거짓 칭찬이고, 꾸중은 진실한 꾸중이다. 그러면 성적이 낮은 아이에게는 칭찬해야 할까, 아니면 꾸중해야 할까? 성적이 높은 아이에게 하는 꾸중은 거짓 꾸중이고, 칭찬은 진실한 칭찬이다. 그러면 성적이 높은 아이에게는 칭찬해야 할까, 아니면 꾸중해야 할까?

◆ 시험을 잘 본 아이에게
  '잘 못 봤다'고 꾸중하면?

나는 칭찬과 꾸중의 효과에 대한 과학적 답을 얻기 위해 심리학 실험 하나를 실행했다.[2] 223명의 미국인 대학생을 실험 참여자로 모집한 뒤 10개의 문제로 구성된 수학 시험을 치르게 했다. 예상했던 것처럼 수학 시험을 잘 본 학생도 있고 잘 못 본 학생도 있었다.

　시험 점수를 확인한 뒤 시험을 잘 못 본 학생들을 두 그룹으로 나눠 첫 번째 그룹에는 "시험을 아주 잘 봤다!"라고 칭찬하고, 두 번째 그룹에는 "시험을 잘 못 봤다!"라고 꾸중했다. 첫 번째 그룹은 거짓 칭찬을 들은 셈이고, 두 번째 그룹은 진실한 꾸중을 들은 셈이다. 시험을 잘 본 학생들도 두 그룹으로 나눠 첫 번째 그룹에는 "시험을 아주 잘 봤다!"라고 칭찬하고, 두 번째 그룹에는 "시험을 잘 못 봤다!"라고 꾸중했다. 첫 번째 그룹은 진실한 칭찬을, 두 번째 그룹은 거짓 꾸중을 들은 셈이다.

　칭찬과 꾸중의 신뢰성을 더하기 위해 한 가지 통계 자료를 추가로 제공했다. 통계 자료를 보여주며 지금까지 이 수학 시험을 본 학생들이 약 800명 정도 되고, 학생들의 성적은 10단계로 분류된다고 공지했다. 1단계는 가장 낮은 성적을 받은 학생들을 대표하고 10단계는 가장 높은 성적을 받은 학생들을 대표한다고 전했다. 칭찬할 때는 통계 자료와 함께 실험 참여 학생의 수학 성적이 9단계에 속한다고 이야기했고, 꾸중할 때는 실험 참여 학생의 수학 성적이 2단계에 속한다고 이야기했다.

　그 후 모든 실험 참여 학생에게 다른 시험 하나를 더 치르게 했다. 두 번째 시험이었다. 칭찬과 꾸중이 그다음 시험에 어떤 영향을 끼치는지를 파악하기 위해서였다. 첫 번째 시험에서 시험을 잘 본 학생들과 시험을 잘 못 본 학생들은 어떤 피드백을 받았을 때 두 번째 시험에서 더 높은 성적을 얻었을까? 한국 사람들의 전통적인 믿음처럼 시험을 잘 본 학생들은 꾸중을 받았을 때 두 번째 과제에서 더 높은 성적을 얻었을까? 아니면 미국 사람들의 믿음처럼 시험을 잘 못 본 학생들은 칭찬을 받았을 때 두 번째 과제에서 더 높은 성적을 얻었을까?

학생들이 두 번째로 치른 시험은 애너그램anagram 테스트로, 주어진 단어를 재배열해 의미 있는 새로운 단어를 만드는 과제였다. 한 예로 'diet'라는 단어를 제시하면 edit, tied, tide와 같이 문법적으로 의미 있는 단어를 만드는 과제였다. 애너그램 테스트는 일반적으로 언어 능력이나 창의성을 측정할 때 사용하기도 한다. 학생들에게 15개의 문제를 주고 10분 동안 풀게 했다. 한 문제당 답이 세 개까지 있을 수 있었기에 만점은 45점이었고 최저점은 0점이었다.

나는 두 번째 시험에서 학생들의 성적을 확인하고 깜짝 놀랐다. 다음 두 개의 그래프는 시험을 잘 못 본 학생들과 시험을 잘 본 학생들이 각각 꾸중과 칭찬을 들었을 때의 두 번째 시험 성적을 보여준다. 먼저 왼쪽 그래프를 보자. 첫 번째 시험을 잘 못 본 학생에게 칭찬하면 두 번째 시험에서 성적이 더 떨어진 것을 알 수 있다. 거짓 칭찬은 동기를 부여하기는커녕 오히려 동기를 더 떨어트렸다. 즉, 미국인의 믿음이 틀렸다는 것을 쉽게 알 수 있는데, 거짓 칭찬에 만족하고 안주한 결과였다.

하지만 흥미롭게도 첫 번째 시험을 잘 못 본 학생에게 꾸중하면 두 번째 시험에서 성적이 더 올라갔다. 진실한 꾸중은 동기를 떨어트리기보다 오히려 더 상승시켰다는 것을 나타낸다. 진실한 꾸중에 낙담하지 않고 더 열심히 문제를 푼 결과였다. 결론적으로 시험을 못 본 학생들에게는 꾸중해야 한다는 것을 의미한다.

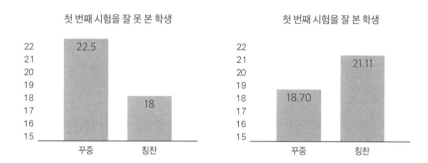

시험을 잘 본 학생들은 어땠을까? 오른쪽 도표를 보자. 첫 번째 시험을 잘 본 학생에게 꾸중하면 두 번째 시험에서 성적이 더 떨어진 것을 볼 수 있다. 거짓 꾸중은 동기를 부여하기는커녕 오히려 더 떨어트렸다. 즉, 한국인의 믿음이 틀렸다는 것을 쉽게 알 수 있는데, 거짓 꾸중에 낙담해 포기한 결과였다. 하지만 흥미롭게도 첫 번째 시험을 잘 본 학생들에게 칭찬하면 두 번째 시험에서 성적이 더 올랐다. 진실한 칭찬은 동기를 떨어트리기보다 오히려 동기를 더 상승시켰다는 것을 나타낸다. 진실한 칭찬에 더 열심히 문제를 푼 결과다. 결론적으로 시험을 잘 본 학생들에게는 칭찬해야 한다는 것을 의미한다.

◆ 칭찬해야 할 때 칭찬하고,
　꾸중해야 할 때 꾸중하라

결론은 의외로 간단하다. 시험을 잘 못 본 아이에게는 진실한 꾸중을 해야 하고 거짓 칭찬을 하면 안 된다. 거꾸로 시험을 잘 본 아이에게는 진실한 칭찬을 해야 하고 거짓 꾸중을 하면 안 된다. 더 쉽게 이야기하면 잘했을 때는 잘했다고 이야기하고, 못했을 때는 못했다고 이야기해야 성적이 더 올라간다는 뜻이다. 이것이 성적을 올릴 수 있는 유일한 피드백이다. 그래야만 아이들이 현실을 직시하고 적절한 준비와 노력을 할 수 있다. 어떻게 보면 너무 극명한 사실인데도 현실에서는 예상외로 이런 법칙들이 잘 실현되지 않는다.

　한국 사람들과 미국 사람들은 각기 다른 방법으로 아이들의 공부에 대한 동기를 끌어 올리려 한다. 미국 사람들은 칭찬의 힘을 과신한 나머지 성적이 낮은 아이들에게도 칭찬하기를 주저하지 않는다. 그런 칭찬이 공부 동기를 끌어 올릴 수 있다고 믿기 때문이다. 좋은 시도처럼 보이지만, 결국 그런 접근은 자만과 성적 저하를 불러올 수밖에 없다.

　한국 사람들의 믿음도 틀리기는 매한가지다. 한국 사람들은 전통적으로 꾸중의 힘을 과신해서 성적이 높은 아이들에게도 꾸중하기를 주저하지 않는다. 잘하면 잘할수록 더 호되고 매섭게 다그친다. 그렇게 해야만 공부에 대한 동기를 끌어 올릴 수 있다고 믿기 때문이다. 지혜로운 방법처럼 보이지만, 결국 그런 접근은 포기와 성적 저하로 귀결될 뿐이다.

　습관적으로 아이들을 칭찬하는 부모가 많다. 조금 과장되었다 할지라도 칭찬은 동기부여에 큰 도움이 된다고 생각하기 때문이다. '사실'이라는 명분으로 아이를 꾸중했다가는 아이들의 동기를 더 떨어트릴 수 있다고 믿기 때문이다. 하지만 안타깝게도 과장된 칭찬과 거짓 칭찬은 아이들의 동기를 오히려 감소시킬 수 있다. 성과가 낮은 아이들에게 필요한 것은 거짓 칭찬이 아니고 진실한 꾸중이다.

거꾸로 아이들을 습관적으로 꾸중하는 부모도 많다. 동양 사람들이 이런 태도를 자주 보인다. 조금 과장되긴 해도 꾸중이 동기부여의 최고 수단이라고 생각하기 때문이다. 그래서 칭찬하고 싶어도 참는다. 쓸데없이 칭찬했다가 아이들이 안주하고 나태해질 수 있다고 믿기 때문이다. 하지만 과장된 꾸중은 낙담과 포기를 유발할 뿐이다. 성적이 높은 아이들에게 필요한 것은 거짓 꾸중이 아니라 진실한 칭찬이다.

사실을 사실대로 말해야 한다. 피드백은 정확하고 현실적일 때 효과적이다. 동기부여를 하기 위해 잔머리를 굴릴 필요가 없다. 잘한 아이들에게 못했다고 다그치거나, 잘못한 아이들에게 잘했다고 칭찬하는 것은 더 낮은 성적을 초래할 뿐이다. 하지만 아쉽게도 언제부턴가 동서양을 막론하고 많은 사람이 바른말을 하는 데 많은 부담감과 어려움을 느낀다. 왠지 더 칭찬해야 할 것 같고, 때로는 더욱더 꾸중해야 할 것 같다. 하지만 과학적 진실은 여전히 현실적이고 객관적인 피드백을 지지한다. 칭찬이 정당할 때는 칭찬해야 하고, 꾸중이 정당할 때는 꾸중해야 한다. 그래야만 아이들에게 더 높은 성적을 기대할 수 있다.

칭찬과 꾸중을 들은 아이 중
누가 더 열심히 노력할까

첫 실험의 결과를 간단하게 정리해 보면, 시험을 잘 못 본 아이를 칭찬하면 그다음 시험에서 성적이 더 떨어지고, 시험을 잘 본 아이를 꾸중하면 그다음 시험에서 성적이 더 떨어진다. 나는 논문에서 이런 연구 결과를 내적 동기 관점에서 설명했다. 내적 동기란 '외부의 보상이나 압력 없이, 학습 그 자체에서 즐거움이나 만족을 느껴 자발적으로 공부하려는 동기 상태'를 뜻한다. 다시 말해 시험을 잘 못 본 아이를 칭찬하면 거짓 칭찬에 만족하고 안주하며 노력하지 않는다고 생각했다. 또한 시험을 잘 본 아이에게 꾸중하면 과장된 꾸중에 포기하고 노력하지 않는다고 보았다. 하지만 나의 이런 주장은 개인적인 가설일 뿐이고 실험을 통해 증명된 바는 아니다.

'노력 부재'가 핵심적인 이유임을 증명하기 위해 나는 또 하나의 실험을 진행했다.[3] 136명의 미국인 대학생을 모집해 25개로 구성된 수학 문제를 10분 동안 풀게 했다. 역시나 시험을 잘 못 본 학생도 있었고, 잘 본 학생도 있었다. 그 후에 시험을 잘 못 본 학생들을 두 그룹으로 나눠 한 그룹에는 "시험을 아주 잘 봤다"라고 칭찬하고, 다른 그룹에는 "시험을 잘 못 봤다"라고 꾸중했다. 또한 시험을 잘 본 학생들도 두 그룹으로 나눠 한 그룹에는 "시험을 아주 잘 봤다"라고 칭찬하고, 다른 그룹에는 "시험을 잘 못 봤다"라고 꾸중했다. 그 후 나는 모든 실험 참여자에게 다음과 같이 공지했다.

"8분 후에 다른 시험을 치를 예정입니다. 기다리는 8분 동안 원하면 다음 시험에 도움이 될 연습문제를 풀어볼 수 있습니다. 여기에 연습문제가 있으니 원하면 가져가서 풀어보기를 바랍니다. 물론 그냥 편하게 쉬어도 상관없습니다. 연습문제지 위에 개인정보를 쓸 필요가 없습니다. 저희가 채점하지 않기 때문입니다. 연습문제를 풀다가 원하면 언제든지 중간에 그만둘 수 있습니다. 8분 후 다음 시험지를 준비해서 돌아오겠습니다. 잠시 기다려 주기를 바랍니다."

준비된 연습문제는 애너그램 테스트였다. 39개의 애너그램 문제가 있었고 각 문제에는 두 개 혹은 세 개의 정답이 있었다. 내가 이 실험에서 관심을 둔 부분은 어떤 피드백을 받았을 때 학생들이 애너그램 문제를 더 많이 풀려고 노력하는지였다.

앞 장에서 설명했던 것처럼 애너그램 테스트는 인지적 능력이나 창의적 능력을 테스트할 때 사용하는 과제다. 하지만 이 과제는 주어진 단어를 단순히 재배열해 의미 있는 새로운 단어를 만드는 것이기 때문에 고도의 인지적 능력이나 창의적 능력이 필요한 것은 아니다. 열심히 풀고자 하는 동기만 있으면 누구나 잘할 수 있는 과제다. 그래서 애너그램 테스트는 내적 동기, 즉 노력을 측정할 때도 자주 사용된다.

8분간의 자유 시간은 이 실험에서 가장 중요한 절차였다. 이 8분간의 자유 시간에 실험 참여자는 무엇이든 할 수 있다. 핸드폰을 보며 시간을 보낼 수도 있고, 원하면 잠도 잘 수 있다. 이런 자유로운 시간에 누가 다음 시험에서 높은 성적을 받기 위해 최선의 노력을 다하는지 알고 싶었다. 다음 시험을 잘 보고 싶은 학생들은 분명히 쉬는 시간에 연습문제를 많이 풀 것이고, 그런 내적 동기가 없는 학생들은 당연히 연습문제를 풀지 않을 거라고 예상했다. 결론적으로 이 실험의 핵심은 어떤 피드백을 받았을 때 다음 시험을 더 잘 보고 싶은 내적 동기가 올라가서 연습문제를 많이 풀어볼 것인지를 확인하는 것이었다.

◆ 거짓 칭찬은 아이를 게으르게 만든다

시험을 잘 못 본 학생에게는 어떤 피드백을 주어야 다음 시험을 잘 보기 위해 더 많이 노력할까? 칭찬해야 할까, 꾸중해야 할까? 다음 그래프는 시험을 잘 못 본 학생들과 시험을 잘 본 학생들에게 각각 꾸중과 칭찬을 했을 때 다음 시험을 잘 보기 위해 얼마나 많은 연습문제를 풀었는지를 보여준다. 연습문제를 많이 풀었다는 것은 당연히 다음 시험을 잘 보고 싶은 동기가 높음을 의미한다.

먼저 왼쪽에 있는 두 개의 막대그래프는 시험을 잘 못 본 학생들에게 꾸중과 칭찬을 했을 때 각각 몇 개의 연습문제를 풀었는지를 보여준다. 결과적으로 시험을 잘 못 본 학생들은 칭찬했을 때보다 꾸중을 했을 때 훨씬 더 많은 연습문제를 풀었다. 즉, 시험을 잘 못 본 학생에게는 꾸중했

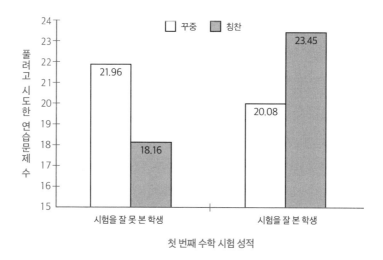

칭찬과 꾸중에 따른 공부를 잘하는 아이와 못하는 아이의 연습문제 풀이 수

출처: Kim, Y-H., Chiu, C-y., & Zou, Z. (2010).

을 때 내적 동기가 올라가고, 칭찬을 했을 때 내적 동기가 내려갔다. 다시 말해 시험을 잘 못 본 학생에게는 꾸중을 해야 다음 시험을 위해 더 열심히 노력한다는 뜻이다.

미국 사람들은 칭찬을 통해 공부에 대한 동기를 끌어 올리려 한다. 칭찬받을 만한 성과가 아님에도 불구하고 말이다. 더 솔직하게 말하면 칭찬받을 자격이 없을 때 더욱더 칭찬해야 한다고 생각한다. 그래야 더 열심히 노력할 거라고 믿기 때문이다. 좋은 시도처럼 보일 수 있지만 거짓 칭찬은 결국 내적 동기를 낮출 수밖에 없다. 거짓 칭찬에 만족하고 안주하며 노력하지 않기 때문이다.

우리의 바람처럼 아이들은 성과가 낮을 때 칭찬받으면 '아, 내가 부족한데도 더 열심히 하라는 의도로 엄마가 나를 칭찬하는구나. 더 열심히 해야겠다!'라고 생각하지 않는다. 대신 '아, 이 정도면 잘하는 거구나! 이 정도면 충분하구나!'라고 생각하며 안주해 버린다. 현실에 스스로 만족하는 것이다. 더 잘하려는 동기를 완전히 잃는다. 성적이 낮은 아이들을 거짓 칭찬으로 현실을 왜곡하도록 조작해서는 절대 안 된다. 성적이 낮은 아이들에게는 '잘못했다'라는 정확하고 현실적인 꾸중을 해야 한다.

◆ 거짓 꾸중은 아이를 낙담하게 만든다

시험을 잘 본 학생들에게는 어떤 피드백을 주어야 다음 시험을 잘 보기 위해 더 많이 노력할까? 칭찬해야 할까, 꾸중해야 할까? 오른쪽에 있는 두 개의 막대그래프는 시험을 잘 본 학생들에게 꾸중과 칭찬을 했을 때 몇 개의 연습문제를 풀었는지를 보여준다. 결과적으로 꾸중했을 때보다 칭찬했을 때 연습문제를 훨씬 더 많이 풀었다. 즉, 시험을 잘 본 학생에게 칭찬을 하면 다음 시험을 잘 보고 싶은 내적 동기가 올라갔다. 오히려 꾸중했을 때는 칭찬했을 때보다 연습문제를 훨씬 더 적게 풀었다. 시험을 잘 본 학생들에게 꾸중을 하면 내적 동기가 내려간다는 것을 의미한다. 결론적으로 시험을 잘 본 학생들에게는 칭찬해야 다음 시험을 위해 더 열심히 노력한다.

한국 사람들은 전통적으로 꾸중을 통해 공부에 대한 동기를 끌어 올리려고 한다. 꾸중할 만한 성적이 아님에도 과감하게 동기부여의 수단으로 꾸중을 선택하는 것이다. 더욱 매섭게 꾸중해야 더 열심히 할 거라고 믿는다. 하지만 과학적 진실은 전혀 다르다. 성적이 높은 아이가 꾸중을 들었을 때 예상할 수 있는 반응은 두 가지다. 첫째는 한국 사람들의 믿음처럼 '아, 내가 부족한 점이 많구나. 그럼 더 열심히 해서 내가 더 잘할 수 있다는 걸 꼭 보여줘야겠다!'라고 생각할 수 있다. 둘째는 '아, 나는 나름 잘했다고 생각하는데 엄마는 그렇게 생각하지 않네. 내가 할 수 있는 게 별로 없어. 그럼 그냥 하지 말지 뭐'라고 생각할 수도 있다. 두 가지 모두 가능한 시나리오다.

위의 '칭찬과 꾸중에 따른 공부를 잘하는 아이와 못하는 아이의 연습 문제 풀이 수' 실험 결과를 보면 아이들은 절대로 첫 번째 것을 선택하지 않고 두 번째 것을 선택한다는 것을 알 수 있다. 도전을 시도하기보다는 포기를 선택하는데, 그 선택이 훨씬 쉽기 때문이다. 더 열심히 해서 처음 받은 꾸중을 뒤집는다는 것은 결코 쉬운 일이 아니다. 최선의 노력을 다한다 해도 더 높은 성적을 받을 자신이 없기 때문이다.

그런데도 한국 사람들, 특히 학생을 자녀로 둔 엄마들은 혹독한 꾸중이 아이를 더 큰 도전으로 인도할 거라고 믿는다. 하지만 아이는 꾸중을 듣는다고 더 열심히 하지 않는다. 그럴 이유가 전혀 없다. 더 쉬운 선택지가 바로 앞에 있기 때문이다. 결국 과장된 거짓 꾸중은 포기로 귀결되고 더 잘하려는 동기를 앗아간다. 성적이 높은 아이를 거짓 꾸중으로 현실을 왜곡하도록 조작해서는 절대 안 된다. 성적이 높은 아이들에게는 '잘했다'라는 정확하고 현실적인 칭찬이 있어야 한다.

◆ 진실한 칭찬과 진실한 꾸중이
    아이를 노력하게 만든다

많은 학부모가 다양한 목적과 믿음을 가지고 비현실적인 칭찬과 꾸중을 통해 아이들의 내적 동기를 올리려 한다. '조금 부족하더라도 칭찬해 주면 용기를 내지 않을까?', '성과가 낮은 사람들에게 필요한 건 질책이 아니라 오히려 칭찬 아닐까?', '동기부여를 위해 칭찬보다 더 효율적인 게 어디 있겠어?', '좀 부족한 점이 있더라도 꾸중보다는 칭찬이 사람을 움직이게 하지 않을까?' 보통 이런 생각은 아이를 돕고 싶은 선의에서 나오는 경우가 많다.

그래서 다양한 전략을 사용해 아이를 칭찬한다. 열심히 공부하는 것도 아니고 그렇다고 좋은 성적을 받은 것도 아닌데 말이다. 화를 내고 싶지만 그런 방법이 오히려 역효과를 낼 수 있다고 생각해 억지 칭찬을 한다. "이 정도 성적이면 잘하는 거야! 너는 학원도 열심히 다니고 숙제도 열심히 하잖아. 중간고사 전날에도 열심히 공부했잖아! 엄마 친구 아들은 학원 간다고 하고 매번 친구들과 PC방 다니면서 논다더라"라고 아이에게 말한다.

사실 이 칭찬의 대부분은 거짓말일 것이다. 성적도 좋지 않고 학원도 그렇게 열심히 다니지 않았다. 칭찬의 신빙성을 조금이라도 더하기 위해 실제로 다니고 있는 학원과 숙제와 관련한 이야기를 하는 것뿐이다. 잘하는 부분을 더욱 과장해 이야기하면 동기부여가 되지 않을까 하는 바람에서다. 지푸라기라도 잡는 심정으로 눈 질끈 감고 칭찬하는 것이다.

하지만 우리의 바람이 무색하게 이런 거짓된 칭찬은 아이들에게 동기 부여가 되지 않는다. 오히려 이런 칭찬은 아이들의 동기를 무너트린다. 스스로 만족하게 하기 때문에 열심히 해야 할 이유를 잃어버리게 만든다. '아, 그래? 이 정도면 내가 잘하는 편이구나!'라고 생각하고 안주해 버린다. 이것으로 끝나면 다행이지만 또 하나의 극적인 변화가 아이에게 생긴다. 예전에는 열심히 공부하지 않는 것에 대해 약간의 미안함과 자책감을 가지고 있었지만, 칭찬 후에는 그런 감정에 더 이상 시달리지 않게 된다. 열심히 공부하지 않는 것에 대한 정당성과 명분을 엄마가 칭찬이라는 이름으로 선물해 주었기 때문이다.

비현실적인 꾸중도 마찬가지다. 칭찬이 정당할 때 꾸중하면 아이는 내적 동기를 잃어버린다. 그런데도 우리는 잘못된 믿음으로 과도하게 꾸중한다. '잘하는 아이에게 과도하게 잘한다고 이야기했다가 그 아이가 거만해지면 어떻게 하지?', '잘하면 잘할수록 더 밀어붙여서 동기를 끌어올려야 하지 않을까?', '잘하더라도 그 수준에 만족하지 않도록 항상 부족한 점을 상기시키며 더 발전하도록 해야 하지 않을까?', '조금 야속하게 들릴 수도 있겠지만 이런 말들이 쓴 약이 되어서 진짜 도움이 되지 않을까?' 이런 수많은 생각이 우리를 유혹한다. 이런 꾸중 역시 좋은 의도에서 나온 경우가 대부분이다. 약간의 부담감을 떠안더라도 쓴소리를 통해 아이를 돕고 싶은 마음이다.

그래서 우리는 다양한 전략을 사용해 아이들을 꾸중하려 한다. 그 정도면 충분히 잘하고 있다고 생각해도 엄마는 만족하지 않고 좀 더 잘했으면 하는 마음으로 꾸중을 선택한다. 어설픈 칭찬이 오히려 아이를 자만하게 만들어 더 큰 문제가 될 수 있다고 생각하기 때문이다. 아이의 태도나 동기가 완벽할 수는 없으니 꾸중할 재료는 항상 있는 셈이다. "공부할 거면 제대로 해야지 이 정도로 하면 안 하느니만 못해! 이렇게 할거면 처음부터 하지를 말든지, 할 거면 제대로 하든지!"라고 아이에게 말한다.

정당하지 않은 칭찬처럼 정당하지 않은 꾸중도 아이들의 동기를 앗아간다. 잘하던 일도 스스로 포기하며 결국에는 좌절감으로 동기를 완전히 상실해 버린다. 엄마의 바람처럼 아이가 더 열심히 노력해서 완벽한 수준에 다다르면 좋겠지만 아이는 결코 그런 전략을 선택하지 않을 것이다. '나는 나름대로 최선을 다해 잘했다고 생각하는데 엄마는 그렇게 생각하지 않네. 이렇게 할 거면 정말 안 하는 게 나을까? 공부는 나한테 안맞는 것 같아. 엄마의 기준을 맞추기도 어려운데, 그럼 그냥 하지 말지뭐'라고 생각해 버리는 것이다.

공부에 대한 아이의 내적 동기를 올리는 게 우리의 최종 목표라면 우리는 정당한 칭찬과 꾸중을 사용해야 한다. 잘한 아이에게는 잘했다고 칭찬하고, 잘못한 아이에게는 잘못했다고 꾸중해야 한다. 아이에게만 해당하는 사항이 아니다. 자녀든, 직장 동료든, 친구든, 배우자든 모두 똑같다. 바르고 정확한 피드백이 내적 동기를 올릴 수 있는 유일한 길이다. 잘하지 못하는 아이에게 칭찬을 통해 내적 동기를 올리려는 미국인의 자세도, 잘하는 아이에게 꾸중을 통해 내적 동기를 올리려는 전통적인 한국인의 자세도 모두 틀렸다. 우리에게 필요한 것은 진실한 칭찬과 진실한꾸중이다.

과도한 칭찬에 안주하고,
과도한 꾸중에 포기한다

비현실적이고 정당하지 않은 칭찬과 꾸중은 아이의 성적을 떨어트리고 아이 스스로 실패를 선택하고 자기 불구화 현상까지 불러일으키게 한다. 칭찬해야 할 때는 칭찬하고 꾸중해야 할 때는 꾸중해야 한다는 의미다. 그런데 센스있는 독자들은 지금까지 논의한 연구 결과를 한국인에게 적용하기에는 무리가 있다고 생각할 수 있다. 미국인 학생들을 대상으로 진행한 연구이기 때문이다. 당연히 검증이 필요한 부분이다. 한국으로 돌아온 뒤 나는 이 연구 결과가 한국인들에게도 적용될 수 있는지 연구하기 시작했다. 특별히 나는 초등학생과 학부모들을 대상으로 실험을 진행했다. 한국인에게도 똑같은 연구 결과가 재현된다면 연구 결과의 일반성과 객관성을 더 높일 수 있다고 생각했다.

◆ 거짓 칭찬과 거짓 꾸중은 아이들의 성적을 떨어트린다

서울의 한 사립 초등학교에 재학 중인 3학년, 4학년, 5학년 학생 337명과 그 학생의 부모들이 함께 실험에 참여했다. 먼저 부모에게 "당신은 자

녀를 칭찬할 때, 자녀의 객관적인 학교 성적에 비교해 얼마나 과대 칭찬 혹은 과소 칭찬합니까?"라고 물은 뒤 다음과 같은 7점 척도를 이용해 답하게 했다.

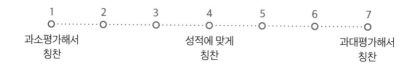

위 척도에서 4는 자녀의 성적에 맞게 현실적으로 칭찬과 꾸중을 한다는 것을 의미한다. 잘했을 때 잘했다고 칭찬하고, 잘하지 못했을 때는 잘하지 못했다고 꾸중하는 것이다. 4보다 숫자가 높으면 높을수록 과대 칭찬의 폭이 크다는 의미다. 다시 말해 잘하지 못했는데도 불구하고 칭찬하는 것이다. 반대로 4보다 숫자가 낮으면 낮을수록 과대 꾸중의 폭이 크다는 것을 뜻한다. 잘했는데도 불구하고 꾸중하는 것이다.

다음 도표는 이 실험의 연구 결과를 보여준다.[4] X축은 부모가 자녀에게 제공하는 칭찬의 과대 혹은 과소평가 정도를 나타내고, Y축은 자녀의 국어, 영어, 수학 성적의 평균을 나타낸다. 다시 한번 강조하면 X축에서 4는 부모가 자녀에게 잘했을 때는 잘했다고 칭찬하고, 잘하지 못했을 때는 잘 못했다고 꾸중하는 가장 현실적이고 객관적인 수준의 칭찬과 꾸중을 제공한다는 것을 의미한다.

예상했던 것처럼 X축에서 4일 때 자녀의 성적이 제일 높았다. 부모의 칭찬과 꾸중이 객관적이고 현실적일 때 자녀의 성적이 가장 높았다는 것

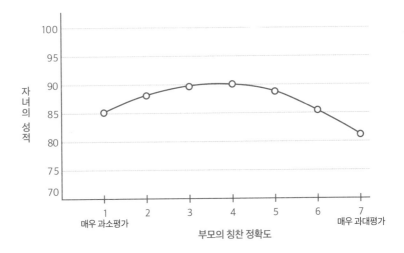

부모의 칭찬 정확도와 자녀의 성적 관계

출처: Lee, H. I., Kim, Y. H., Kesebir, P., & Han, D. E. (2017).

을 의미한다. 하지만 과도한 칭찬과 과도한 꾸중은 자녀의 성적을 떨어 트렸다. 4를 기준으로 왼쪽은 부모가 과대하게 꾸중하는 것을 보여주는 데, 잘했는데도 불구하고 꾸중하는 것이다. 이런 방법이 전통적인 한국 인의 동기부여 방식이다. 하지만 도표에서 볼 수 있는 것처럼 이런 '과도 한 꾸중'은 성적에 좋은 영향력을 끼치지 못하고 오히려 아이들의 성적 을 더 떨어지게 했다. 4에서 왼쪽으로 치우칠수록, 과대 꾸중의 정도가 커질수록 성적이 더 떨어진 것이다.

4를 기준으로 오른쪽은 부모가 과대하게 칭찬하는 것을 보여주는데, 잘하지 못했는데도 불구하고 잘했다고 칭찬하는 것이다. 이런 방법은 전 통적인 미국의 동기부여 방식이다. 하지만 이 방법 역시 성적 측면에서 좋은 결과를 초래하지 못했다. 4를 기준으로 숫자가 오른쪽으로 커질수록 성적이 더 떨어졌다. 과대 칭찬의 정도가 커질수록 성적이 더 떨어지는 것이다.

결론적으로 미국 대학생을 대상으로 한 연구 결과가 한국 초등학생들에게도 그대로 재현된 셈이다. 문화마다 제각기 다른 동기부여 방법을 사용하지만, 과도한 칭찬과 과도한 꾸중의 부정적인 영향력은 범문화적이라는 사실을 밝힌 셈이다. 칭찬과 꾸중은 현실적이고 객관적일 때 긍정적인 효과가 있다. 잘하면 잘한다고 칭찬하고, 못하면 못한다고 꾸중해야 한다.

◆ 부모의 기대대로 움직이지 않는 아이들

과도한 칭찬에는 어떤 문제가 있을까? '비록 성적이 낮더라도 칭찬하면 동기부여가 되지 않을까?'라는 믿음을 가지고 있는 부모들이 많다. 하지만 아이들은 부모의 기대대로 움직이지 않는다. 학습 동기가 올라가기는커녕 학습 동기를 상실해 버린다. 부모의 과도한 칭찬에 아이는 '아, 이 정도면 잘하는 거구나! 이 정도면 충분한 거구나!'라고 안심하며 노력하지 않기 때문이다. '아, 내가 잘하지 못했는데도 엄마와 아빠가 칭찬하네. 우리 부모는 내가 잘하지 못한 걸 분명히 알고 있지만, 더 열심히 하라는 의미로 칭찬하는 걸 거야!'라고 절대 생각하지 않는다. 어른이나 아이나 모두 본인에게 유리한 방향으로 칭찬을 해석한다.

'과도한 꾸중'도 마찬가지다. 잘했을 때 꾸중하면 아이들은 동기를 잃고 포기해 버린다. 엄마의 기대처럼 꾸중을 도약의 기회로 삼으면 좋겠지만 아이들은 절대로 그런 선택을 하지 않는다. 나름대로 최선을 다해 잘했다고 생각하는데 꾸중을 들으면 무슨 생각을 할 수 있겠는가? 가장 쉬운 생각은 '아, 나는 해도 안 되는구나! 열심히 해서 받은 성적인데도 꾸중을 듣는구나. 내가 이 분야에 별로 재능이 없구나. 이렇게 해도 꾸중을 듣는다면 차라리 안 하는 게 좋을 것 같다'라고 생각해 버리는 것이다.

◆ 과도한 칭찬과 과도한 꾸중,
　어느 쪽이 더 나쁠까

이런 연구 결과를 발표할 때마다 한국인이라면 꼭 궁금해하는 게 하나 있다. 미국인들은 전혀 궁금해하지 않는데 말이다. '과도한 칭찬'과 '과도한 꾸중' 중 어느 쪽이 더 나쁜가 하는 것이다. 비교에 아주 민감하기 때문에 적어도 가장 나쁜 것은 피하고 싶은 마음에서 비롯된 궁금증일 것이다. 아니면 본인이 가장 나쁜 상황은 아니라는 것을 확인하고 싶은 마음일 수도 있다.

　양쪽 모두 나쁘지만 그래도 더 치명적인 쪽은 과도한 칭찬이라는 것을 앞의 그래프를 통해 쉽게 확인할 수 있다. 4를 기준으로 왼쪽으로 갈수록 점수가 낮아지는 경향보다 오른쪽으로 갈수록 점수가 낮아지는 경향이 훨씬 더 강한 것을 볼 수 있다. 과도한 칭찬은 사람의 성취동기를 완전히 빼앗아 가기 때문이다. 더 잘해 보려는 의지를 완전히 삭제해 버리기 때문이다. 과도한 꾸중도 사람의 성취동기를 빼앗아 가지만, 소수의 사람에게는 반발심을 일으키기도 한다. 과도한 꾸중에 정면으로 맞서며 자신이 훌륭함을 증명해 보이고 싶은 마음이 있기 때문이다. 그래서 더 열심히 하는 사람도 종종 있다.

하지만 이런 반발심이 일반적으로 일어나는 것은 아니다. 과도한 꾸중에는 포기라는 더 쉬운 길이 항상 열려 있기 때문이다. 그래서 명심해야 할 것은 과도한 꾸중 역시 심하면 성적이 낮아진다는 사실이다. 단지 둘 중 하나를 선택해야 한다면 과도한 칭찬이 더 문제일 수 있다.

칭찬을 많이 하면
아이가 행복할까

지금까지 과도한 칭찬과 꾸중이 성적과 성취동기를 낮춘다고 주장했다. 그런데도 과도한 칭찬을 멈출 수 없는 이유가 또 하나 있다. 물론 성적도 중요하고 성취동기도 중요하지만, 더 중요한 것은 정신건강이기 때문이다. 어떤 학부모는 강연을 마친 나를 찾아와 조심스럽게 다음과 같은 질문을 한 적이 있다.

"교수님, 과도한 칭찬이 성적에 나쁜 영향을 미친다는 건 알겠어요. 충분히 이해돼요. 그래도 저는 우리 애들이 공부는 잘하지 못하더라도 행복하고 즐겁게 살았으면 좋겠어요. 공부를 잘해서 돈을 많이 버는 것도 중요하지만 더 중요한 건 행복하게 사는 거 아닐까요? 행복하지 않으면 아무리 공부를 잘해도 어차피 삶에 큰 의미가 없는 거 아닌가요? 공부를 못하고 좀 부족하더라도 제가 칭찬을 많이 해주면 애가 행복하게 세상을 살아가지 않을까요? 교수님 말씀처럼 제가 애를 위한답시고 꾸중하고 바른말만 계속하면 애가 위축되고 좌절해서 불행해지지 않을까요? 저는 우리 애가 공부는 좀 못해도 행복하게 살았으면 좋겠어요."

아주 설득력 있는 이야기였다. 특히 어머니께서 돈보다 아이의 정신 건강을 더 중요하게 생각한다는 사실이 내 마음을 따뜻하게 했다. 공부는 그렇다 쳐도 칭찬이 사람을 행복하게 할 수 있다는 믿음이었다. 현실에 근거하지 않은 과도한 칭찬이라 할지라도 말이다. 나는 이런 어머니의 믿음이 과학적으로 사실인지 검증하고 싶었다. 그래서 또 하나의 실험을 진행했다.

◆ 거짓 칭찬과 꾸중으로
   우울증에 시달리는 아이들

먼저 부모가 자녀에게 얼마나 과도하게 칭찬과 꾸중을 하는지 측정했다. 그리고 바로 자녀의 우울증 정도를 검사했다. 다음 그래프는 이 연구의 결과를 보여준다. X축은 부모가 자녀에게 제공하는 칭찬의 과대 혹은 과소평가 정도를 나타내고, Y축은 우울증 정도를 나타낸다. 다시 한번 강조하면 X축에서 4는 부모가 자녀에게 가장 현실적이고 객관적인 칭찬과 꾸중을 제공했을 때다. 역시나 X축에서 4에 가까울 때 아이의 우울증 수치가 가장 낮았다. 부모가 자녀에게 가장 현실적인 피드백을 제공했을 때 아이들의 정신건강이 제일 좋다는 뜻이다. 즉, 부모로부터 바른 칭찬과 꾸중을 듣고 자란 아이들이 가장 행복했다.

　X축에서 4보다 오른쪽은 부모로부터 과도한 칭찬을 받는 아이들이다. 숫자가 커지면 커질수록 과도한 칭찬의 정도가 크다. 이 아이들의 우울증 수치는 어떨까? 안타깝게도 과대한 칭찬의 정도가 커질수록 아이들

의 우울증 수치는 올라갔다. 왜 그럴까? 칭찬을 많이 받으면 받을수록 더 행복해져야 하는 것 아닌가? 절대 그렇지 않다. 과대한 칭찬은 궁극적으로 아이를 정신적으로 더 힘들게 하며, 높은 우울증에 시달리게 한다. 이유는 현실이 이 '과도한 칭찬'을 절대 받쳐주지 않기 때문이다.

부모의 과도한 칭찬은 현실이라는 장벽 앞에서 계속 검증되고 파괴된다. 과도한 칭찬은 집밖으로만 나오면 곧 밝혀질 거짓 칭찬이기 때문에 현실에 맞닥뜨린 아이들은 그 엄청난 괴리로 버티기 힘들어진다. 엄마의 과도한 칭찬은 현실에서 아무런 의미가 없다. 진실한 칭찬이 아니고 현실에 근거하지 않은 거짓 칭찬이기 때문에 부정적인 결과만 초래할 뿐이다. 차라리 듣지 않는 편이 더 나을 수 있다.

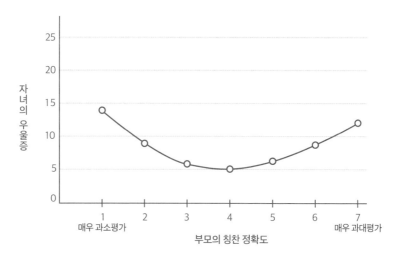

과도한 칭찬과 꾸중이 아이의 우울증에 미치는 영향

출처: Lee, H. I., Kim, Y. H., Kesebir, P., & Han, D. E. (2017).

반면 X축에서 4보다 왼쪽에 있는 아이들은 부모로부터 과도한 꾸중을 듣는 아이들이다. 숫자가 작아질수록 과도한 꾸중의 정도가 크다. 이 아이들의 우울증 수치는 어떨까? 안타깝게도 과도한 꾸중의 정도가 커질수록 아이들의 우울증 수치는 올라갔다. 잘했는데도 잘하지 못했다는 꾸중을 듣는데 어떻게 정신건강이 좋을 수 있겠는가? 절대 가능한 이야기가 아니다.

과도한 꾸중 역시 높은 우울증을 불러올 수밖에 없다. 아이들을 낙담하게 하고 포기하게 하기 때문이다. 학습 동기와 성적을 올려보려는 의도로 과도한 꾸중을 했더라도 성적을 잡기는커녕 정신건강까지 해치는 결과를 초래할 뿐이다. 현실에 근거하지 않은 거짓 꾸중이기 때문이다.

한국 아이들을 대상으로 실험을 진행하면서 혹시나 문화 차이가 있지는 않을까 생각했다. 꾸중에 너무 익숙한 우리 아이들이기에 꾸중의 악영향이 미국 학생들과 비교해 조금 약하게 나오지 않을까 싶기도 했고, 칭찬에 굶주린 아이들이기에 비록 과하다 할지라도 칭찬이 성적과 정신건강에 긍정적인 영향을 미칠 수 있지 않을까 하는 생각도 했다.

하지만 결과는 처참하리만큼 완벽하게 미국 학생들의 결과를 재현했다. 과장된 칭찬과 과장된 꾸중은 한국 학생들의 성적과 정신건강에도 부정적인 영향을 끼쳤다. 칭찬과 꾸중은 진실하고 정직할 때 의미가 있다. 진실한 칭찬과 진실한 꾸중만이 아이의 성적을 향상시키고 정신건강까지 지킬 수 있다.

아이를
'잘 혼내는 기술'이
필요하다

03

자녀에게 꾸중하는 것을 두려워해서는 안 된다. 사랑하는 자녀에게 꾸중을 아끼는 것은 사랑도 아니고 배려도 아니다. 무심하고 어리석은 방치일 뿐이다. 관계가 불편해질 거라고 지레 겁을 먹어서도 안 된다. 그런 일은 없을 것이다. 혹시 있다 할지라도 단기간일 뿐이다. 단기간의 불편함을 이기지 못해 꾸중을 회피한다면 그것은 구더기 무서워 장 못 담그는 것과 같다. 어차피 듣지 않을 거라고 속단해서도 안 된다. 들을 것이기 때문이다.

아이를 성장시키는
꾸중의 조건

지금까지 논의한 연구 결과들을 정리해 보면 한 가지 중요한 사실을 깨닫게 된다. 한 아이의 인생을 가장 쉽게 망칠 수 있는 방법, 심지어 법적으로나 윤리적으로 아무런 문제가 되지 않는 방법을 발견하게 된다. 그것은 바로 거짓 칭찬이다. 비현실적이고 정당하지 않은 칭찬으로 아이의 인생을 쉽게 망칠 수 있다.

거짓 칭찬은 비현실적이고 과도한 칭찬을 의미한다. 이런 칭찬을 받은 아이들은 성적이 떨어지고, 학습 동기가 낮아지며, 자기 불구화 현상을 보인다. 여기에 머무르지 않고 정신건강까지 위협받는다. 모든 것을 다 잃는 셈이다. 부모가 자녀에게 원하는 것은 무엇일까? 공부 잘하고 성공해서 행복하게 사는 것 아니겠는가? 이런 것을 고려하면 거짓 칭찬보다 아이에게 더 치명적인 독은 없다.

물론 과도한 꾸중도 같은 결과를 초래한다. 비현실적이고 정당하지 않은 꾸중을 자주 하면 아이의 인생을 쉽게 망칠 수 있다. 거짓 꾸중을 듣는 아이들은 삶에서 중요한 것들을 한꺼번에 모두 잃는다. 하지만 요즘 같은 긍정의 시대에 누가 감히 정당한 꾸중도 아니고 과도한 꾸중을 하겠는가? 요즘 같은 분위기라면 과도한 꾸중의 아픔은 잠시 잊어도 될지 모른다. 오히려 현시대를 살아가고 있는 우리에게 가장 큰 문제는 비현실적인 칭찬과 거짓 칭찬이다.

◆ 과도한 칭찬의 시대,
　꾸중이 필요한 이유

결론적으로 칭찬과 꾸중이 현실적이지 않을 때 아이들이 감내해야 하는 고통과 아픔의 크기는 상상을 초월한다. 하지만 현실적이고 객관적인 칭찬과 꾸중은 한 아이의 인생을 행복하게 할 수 있다. 정당하고 진실한 칭찬과 꾸중은 성적도 오르게 하고, 학습 동기도 불러오며, 자기 불구화 현상도 방지한다. 정신건강에도 좋은 영향을 미친다. 다시 말해 현실적인 칭찬과 꾸중은 한 개인의 성장에 꼭 필요하다. 그래서 우리는 진실한 칭찬과 진실한 꾸중을 해야 한다. 잘못된 생각과 믿음으로 칭찬해야 할 때 꾸중하거나 꾸중해야 할 때 칭찬한다면 의도와 다르게 한 아이의 인생을 파괴할 수 있다.

　진실한 칭찬은 그리 어렵지 않다. 칭찬이 강조되는 시대를 살고 있기 때문이다. 칭찬할 만한 일에 정당하게 칭찬하면 된다. 과장된 칭찬만 주의하면 된다. 하지만 꾸중은 상황이 다르다. 과장된 꾸중은 주의하면 안할 수 있지만, 진실한 꾸중을 제공하는 일은 절대 쉬운 일이 아니다. 긍정의 시대를 사는 우리에게 진실한 꾸중은 상당한 부담으로 다가올 수밖에 없다. 이런 측면에서 보면 우리 시대에 꼭 필요한 것은 진실한 칭찬이라기보다 진실한 꾸중이라고 할 수 있다. 하지만 우리는 진실한 꾸중을 잊은 지 이미 오래다. 긍정을 추구하는 사회에서 진실한 꾸중은 흔적을 찾기 힘들다. 과도한 칭찬만 남아 아이들의 마음을 혼란스럽게 할 뿐이다.

진실한 꾸중이 너무나도 절실한 때다. 진실한 꾸중의 상실과 과도한 칭찬의 범람으로 아이들은 '꿈'이라는 이름으로 현실성 없는 것들을 정당화하며 좇는다. 물론 기대했던 높은 성취와 성취동기는 이룰 수도 없다. 성취와 성취동기를 추락시킬 뿐이다. 설상가상으로 우울증의 위험에 시달리고, 정신건강이라 불리는 '멘탈'은 점점 유리처럼 약해진다. 자기불구화 현상을 사랑하고 스스로 실패할 수밖에 없는 환경과 조건을 찾아다니며 숨고 또 숨는다. 이것이 현재 우리 아이들이 살고 있는 세상이다. 우리는 더욱더 용기 내어 진실한 꾸중을 해야 한다.

◆ 진실한 꾸중을 안 하기로
　결심한 사람들

우리가 진실한 꾸중을 하지 못하는 이유는 뭘까? 언젠가 초등학교 교장 선생님들과 학부모들을 대상으로 강연한 적이 있다. 700명 정도 모이는 큰 강연이었다. 나는 과도한 칭찬의 아픔과 진실한 꾸중의 필요에 대해 열심히 설명했다. 강연이 끝나고 몇 분의 교장 선생님들과 점심을 먹게 되었는데, 그중 한 분이 식사가 끝나자마자 나에게 이런 이야기를 하셨다. "교수님, 교수님 이야기는 다 이해했는데 저는 그래도 앞으로 학생들에게 꾸중하지 않으려고 합니다." 나는 살짝 당황했지만 태연한 척하며 왜 그러시냐고 물었다. 이미 준비했다는 듯 교장 선생님은 다음과 같이 말했다.

"제가 교장이기도 하지만 학생들에게 참 관심이 많습니다. 학교를 매일 둘러 보면서 혹시 도움이 필요한 학생들이 있을까 살펴보는데요. 한번은 초등학교 4학년 남자 학생이 눈에 들어왔는데, 약간 문제가 있어 보였어요. 친구들과도 잘 못 지내고 폭력적인 언행이 도를 넘어서 문제가 심각해 보였죠. 그래서 몇 달 동안 꼼꼼히 관찰했어요. 혹시 제가 일부만 보고 잘못된 판단을 했을 수도 있잖아요. 제 실수로 그 학생을 나쁘게 낙인찍으면 안 되니까요. 몇 달 관찰한 뒤 그 학생이 정말 문제가 많다는 걸 확신했어요. 전문인의 도움이 필요하겠다고 판단했어요. 그래서 그 학생의 어머니를 학교로 불렀어요. 그리고 제가 관찰한 사항들을 상세하게 말씀드리고 상담을 꼭 받으시면 좋겠다고 말씀드렸어요. 어머니는 알겠다고 하고는 아이와 함께 집으로 돌아가셨죠.

그러고 나서 아마 몇 개월이 지난 때였을 거예요. 그다음 학기에 학교에서 학부모 행사가 있었는데 그 어머니가 참석하셨어요. 저를 본 어머니는 빠른 속도로 제게 다가왔어요. 저는 내심 어머니께서 감사의 마음을 표시하시려나 하고 기대했어요. 몇 달 지났으니 그 학생이 좋아졌을 거라고 생각했죠. 그런데 어머니는 제 앞에 서더니 대뜸 '당신, 내 아이를 정신병자 취급했지!'라고 쏘아붙였어요. 그날 이후로 저는 학생들에게 교수님이 말씀하시는 그 '진실한 꾸중'을 하지 않기로 했어요. 아무리 뜻이 좋아도 이제 바른말 같은 건 안 하려고요."

나에게 어떤 답이나 의견을 구하는 이야기가 아니었다. 본인의 고백이며 결심의 표현이었다. 쓸데없이 바른말을 했다가 관계가 끊어지면 무슨 의미가 있겠냐는 반문같이 들렸다. 어찌 보면 요즘 초등학교, 중학교, 고등학교에 근무하는 많은 선생님들의 생각이 아닐까 싶어 마음이 아팠다. 특별히 보탤 이야기도 없었다.

우리는 언제부터 이와 같은 세상에 살게 되었을까? 앞서 이야기했듯이 이런 문화가 우리나라에 형성된 지는 그리 오래되지 않았다. 과도한 꾸중이 우리 삶의 일부였던 때가 우리 시간 속에서 훨씬 길었다. 하지만 긍정의 시대를 맞이하며 우리는 안타깝게도 꾸중을 완전히 버렸다. 과도한 꾸중도 버렸고 진실한 꾸중도 버렸다. 요즘 세상에 누가 꾸중이라는 단어를 내뱉겠는가? 꾸중할 용기를 내려면 사람 하나 잃을 생각 먼저 해야 한다고 말하기도 한다. 만약 그런 사람이 있다면 '꼰대'라는 오명을 쓸 각오부터 해야 할지도 모른다.

차마 교장 선생님께는 그때 이야기하지 못했지만, 집에 돌아오는 기차 안에서 떠나지 않는 생각이 있었다. 이 아이에게 문제가 있다는 것을 담임 선생님은 몰랐을까? 같은 반 친구들은 몰랐을까? 아마도 모두 다 알고 있었을 것이다. 이 사실을 모르는 사람은 그 아이의 부모뿐이었을 것이다. 부모에게 그 아이는 어쩌면 활달하고 조금 장난기가 심한 정도의 귀여운 아이일지도 모른다. 그래서 어머니는 교장 선생님의 이야기를 받아들이기 어려웠을 것이다. 절대 그런 아이가 아니라고 생각했을 테고, 교장 선생님이 오해했다고 생각했을 것이다. 남의 아이라고 조심성 없이 함부로 말한다고 생각했을 것이다.

그런데 진짜 문제는 다른 곳에 있을 수 있다는 생각이 들었다. 교장 선생님, 담임 선생님, 학교 친구들 모두 그 아이가 문제가 있다는 것을 분명히 알고 있었다. 그런데도 그 사실을 교장 선생님 말고는 아무도 부모에게 말하지 않았다. 교장 선생님까지도 말하지 않았다면 그 아이는 어떻게 되었을까 하는 생각이 들었다. 그런데 이제 교장 선생님마저 그런 말을 하지 않기로 했다는 것은 과연 무슨 뜻일까? 속된 말로 그냥 아이를 포기하는 것이다. 더도 덜도 아니다. 아무도 바른말을 하지 않으니 아이의 삶은 점점 더 나빠질 것이다. 그냥 피하는 게 우리 사회의 대표적인 해결 방식이 된 지 오래다. 그냥 못 본 척하면 된다. 너무 익숙한 대응 방식이라서 이제는 하나도 이상하지 않다. 그렇게 하는 게 정상인 사회에서 우리와 우리 아이들이 살아가고 있다.

◆ 아이들에게 진실한 꾸중을
 해줄 사람이 없다

우리가 '진실한 꾸중'을 하지 못하는 데는 두 가지 이유가 있다. 첫째는 오지랖 넓게 바른말을 했다가 관계가 깨질지도 모른다는 우려 때문이다. 위의 교장 선생님도 이런 경우에 속한다. 학생을 위한답시고 바른말을 했다가 학부모에게 봉변당했기 때문이다. 특별히 관계가 중요한 우리 한국 사회에서는 더욱 그렇다. 관계가 삐끗하면 옳고 그름 자체가 의미를 잃기 때문이다. 그래서 수단과 방법을 가리지 말고 관계를 유지하기 위해 노력해야 한다고 생각하는 사람이 많다. 그중 하나가 쓸데없이 오지랖 넓게 바른말을 하지 않는 것이다. 이보다 더 지혜롭고 현명한 방법이 없다고 생각한다. 좋은 뜻으로 진실한 꾸중을 해도 꾸중은 관계를 파멸시킬 수 있다는 믿음이 팽배해 있다.

과연 진실한 꾸중과 바른말은 우리의 관계를 파멸시킬까? 이 질문에 답하려면 먼저 해야 할 질문이 있다. 칭찬과 꾸중 관련한 외부 강연이 있을 때마다 청중에게 물어보는 질문이다. "여러분, 저에게 바른말과 꾸중을 해주는 사람이 주변에 몇 명이나 있을까요?"라고 묻는다. 답은 주로 세 명에서 네 명이다. 내가 이미 진실한 꾸중을 하는 사람이 별로 없다는 것을 설파했기 때문인지 숫자가 적다. 그게 누구일 것 같냐고 되물으면 주로 부모, 스승, 배우자라고 답한다.

고등학교 졸업 후에 우리 부모님이 나에게 바른말이나 꾸중을 한 적은 손에 꼽을 정도다. 결혼 후에는 거의 없었던 것 같다. 내가 바르게 살아서가 아니다. 부모라도 자식이 성인이 되면 바른말을 하기 어렵다. 눈치도 봐야 한다. '품 안에 자식'이라는 말이 그냥 나온 게 아니다. 그렇다고 내게 바른말을 해줄 스승이 있는 것도 아니다. 한마디 한마디가 조심스러운 세상에 누가 내게 바른말이랍시고 함부로 꾸중을 하겠는가? 그렇다고 아내가 내게 부담 없이 바른말을 하는 것도 아니다. 아내도 내 눈치 본다. 물론 나도 아내 눈치 많이 본다. 만약 아내가 내게 바른말 한 마디를 하면 나는 아마 아내에게 바른말 열 마디로 되돌려 줄지도 모르겠다. 아내도 이 사실을 알기 때문에 바른말을 부담 없이 할 수는 없다.

사실 내게는 바른말이나 꾸중을 해줄 사람이 한 명도 없다. 애써 누가 내게 바른말을 해주겠는가. 괜히 그랬다가 관계가 깨질까 봐 시도하지 않는다. 내 이야기만은 아닐 것이다. '꾸중'이라는 단어는 이미 꾸중을 제공하는 자나 꾸중을 듣는 자에게 모두 두려움과 거부의 대상이 된 지 오래다. 하지만 나에게 바른말을 하는 사람이 한 사람도 없었던 것은 절대 아니다. 4년 전까지만 해도 한 분이 있었다. 그분은 바로 내 딸이다. 딸이 중3 때까지는 내게 바른말을 던졌다. 뼈가 아플 만큼, 아니 세상 어떤 누구도 할 수 없는 말을 무섭게 던졌다. "아빠, 엄마한테 그런 식으로 할 거면 왜 결혼했어?"라고 나를 몰아세웠다. 그러면서 소파에 앉아 있던 내 팔을 들어 아내의 어깨를 감싸게 했다. 그날 내가 아내와 다투는 것을 본 딸이 꽤나 신경 쓰였던 모양이다. 살짝 귀엽기도 했지만 진짜 간이 서늘해지는 꾸중이었다.

우리 딸은 아무 때나 대놓고 내게 바른말을 날렸었다. 엄마의 변호사 같았다. 딸이 내게 무슨 말을 하려고만 하면 벌써 긴장되기 시작했다. 나는 어쩔 수 없이 딸의 눈치를 봐야 했다. 아내는 은근히 딸의 말을 즐기는 것 같았다. 하지만 딸이 고등학생이 되자 이런 바른말도 자취를 감췄다. 생존을 위한 사회성(?)을 갖추기 시작했다. 아이는 아이폰도 사야 했고 용돈도 더 필요했다. 작년에 대학생이 된 우리 딸은 내게 점점 더 바른말을 안 하는 것 같다.

내게 바른말을 해주는 사람도 없지만, 내가 바른말을 해줄 사람도 없다. 아마도 대부분의 사람이 나와 비슷할 것이다. 누가 감히 타인을 상대로 바른말을 할 수 있겠는가? 꾸중하려면 엄청난 부담감을 감당해야 한다. 그런데 이 상황을 좀 더 솔직하게 들여다보면 이 부담감에는 이기적인 마음이 숨어 있다. 관계에 대한 부담감이 있다는 것 자체가 이미 상대방을 위한 마음보다 내 안위에 더 관심이 있다는 것을 의미한다. 관계가 나빠지면 내게 손해가 되리라는 것을 알고 있기 때문이다.

주위 사람에게 진실한 꾸중을 하기 위해서는 그 사람을 사랑하고 아끼는 마음이 있어야 한다. 내 평판이 안 좋아질 수 있고 나와의 관계가 서먹해질 수 있음을 감당해야 한다. 그런 마음이 없으면 진실한 꾸중을 할 수가 없다. 핵심은 주위 사람에게 관심이 있느냐 없느냐다. 당연히 우리는 주위 사람들에게 별로 관심이 없다. 그래서 우리는 애써 꾸중하려 하지 않는다. 그냥 못 본 척하고 넘어가면 그뿐이다. 불편한 관계를 감내하면서까지 꾸중할 이유가 없는 것이다. 관계를 우려하는 것은 명분일 뿐 진실은 무관심이다. '긍정의 시대'라는 사회적 상황도 또 하나의 멋진 명분을 만들어 줄 뿐이다.

자녀에게 진실한 꾸중을 할 수 있는 사람은 부모밖에 없다. 이 세상 누구도 우리 자녀에게 용기 있게 바른 소리를 하지 않을 것이다. 그렇기 때문에 부모마저 여러 가지 잘못된 동기와 생각으로 진실한 꾸중을 피하고 거짓 칭찬으로 자녀를 대한다면 그것은 직무 유기에 해당한다. 자녀의 삶을 망치는 부모가 될 수 있다.

꾸중하면 관계가
불편해지지 않을까

사람들이 진실한 꾸중을 주저하는 첫 번째 이유는 '오지랖 넓게 바른말을 했다가 관계가 깨지면 어떡하지?'라는 생각 때문이다. 물론 관계가 깨질 수도 있다. 사람들은 자기에게 부정적인 말을 하는 사람을 싫어하고, 긍정적인 말을 하는 사람을 좋아하기 때문이다. 당연한 말 같지만 수많은 인간관계의 갈등을 설명하는 가장 중요한 진실이다. 친구 사이에서도 빈번하게 일어나는 현상이며 가족 관계에서도 마찬가지다. 이유는 간단하다. '나의 행동'이 잘못되었다는 판단에서 하는 꾸중이겠지만 꾸중을 듣는 처지에서는 '나를 나쁜 사람으로 생각하는구나!'라고 해석하기 때문이다. 어쩔 수 없는 인간의 본능적 해석 방법이다. 그래서 바른말 하는 사람을 좋아하는 경우는 없고, 그 관계는 깨질 수 있다.

모든 사람은 자기가 좋은 사람이라는 평판을 유지하고 싶어 한다. 사회심리학에서는 이를 '자기 고양 동기'라고 하며, 이는 인간이 가지고 있는 3대 동기 중 하나로 간주할 만큼 강력하다. 꾸중은 인간의 이런 기본적인 동기를 무너뜨린다. 그래서 꾸중이 관계를 망칠 수 있다고 하는 건 맞는 말이다.

이런 사실을 경험적으로 너무 잘 알고 있기 때문에 우리는 꾸중하는 것을 두려워하고 조심한다. "비난으로 다른 사람을 절대 바꿀 수 없다. 비난은 다른 사람을 적으로 만들 뿐이다. 더 나아가 비난은 비난받은 사람이 비난한 사람에 대한 기본적인 예의도 내려놓게 하는 명분을 제공한다"라는 말을 들어본 적이 있다. 비난이 어떻게 관계를 파멸로 인도하는지 적나라하게 보여주는 말이다. 바른말이나 꾸중이 비난과는 다른 측면이 있지만, 바른말이나 꾸중도 상대방을 적으로 만들 수 있다는 점에서 공통적이다.

◆ 칭찬만 하면 관계가 좋아진다고
　생각하는 사람들

그래서일까? 주위에 보면 항상 좋은 말을 습관처럼 하는 사람이 있다. 부정적인 것보다는 긍정적인 면을 부각해서 말하는 것이다. 그렇게 하는 데는 여러 가지 목적이 있겠지만 그중 하나는 사람들과 좋은 관계를 맺고 싶은 마음이다. 더 솔직히 이야기하면 좋은 이미지를 구축해서 좋은 사람으로 보이고 싶은 마음이 크기 때문이다. 그래서 정당하지 않은 칭찬이라도 주저하지 않는다. 상대방의 기분을 좋게 하려는 게 일차적인 목적이다.

　과연 이 목적은 충족될 수 있을까? 처음 한동안은 주위 사람들이 그에게 호감을 느끼는 것처럼 보이기도 하고, 사람들이 그를 편하게 대하는 것처럼 보이기도 한다. 하지만 시간이 지나면 이런 태도가 약해지는 것을 쉽게 파악할 수 있다. 안타깝게도 시간이 좀 더 지나면 사람들은 그를 호인이 아닌 호구라고 생각한다. 그의 칭찬과 좋은 말을 아예 귀담아듣지도 않는다. 의미 없는 소음으로 생각한다.

이유는 간단하다. 사람들은 다른 사람들의 칭찬이 진심인지 아닌지를 본능적으로 파악할 수 있기 때문이다. 진정성 없이 그냥 하는 칭찬이라는 것을 모두가 다 알게 된다. 현실성 없는 칭찬은 절대로 오래 지속될 수 없다. 현실과 괴리가 크면 오히려 기분이 나빠지기까지 한다. 관계를 좋게 하기는커녕 관계를 더 나쁘게 할 수 있다. 그 사람을 더는 신뢰할 수 없기 때문이다. 나중에는 바른말을 해도 듣지 않는다. 무조건 좋은 말과 칭찬을 많이 하면 관계가 좋아질 거라고 착각해서는 안 된다. 진정성이 없는 칭찬은 관계에도 도움이 되지 않는다. 호구가 되는 지름길이고 신뢰를 잃어버리는 길이기도 하다.

부모와 자녀 사이도 마찬가지다. 과도하게 칭찬한다고 자녀가 부모를 존경하거나 좋아할 거라고 생각하면 큰 오산이다. 자녀는 부모를 더욱 만만하게 대하게 되고 부모는 자녀에 대한 최소한의 권위마저 잃어버린다. 그 후에는 당연히 진실한 꾸중이 설 자리가 없어진다. 자녀는 꾸중을 듣지도 않을뿐더러 과민한 반응을 보이게 된다. 과도한 칭찬으로 따뜻하고 좋은 부모 이미지를 만들 생각이었다면 그것은 큰 착각이다. 자녀는 과도하게 칭찬하는 부모를 '좋고 따뜻한 부모'라고 생각하지 않는다. 따뜻하고 좋은 부모의 유혹에 넘어가 진실한 꾸중 대신 거짓된 칭찬으로 자녀를 대하면 안 된다. 결국 자녀 인생을 망친 나쁜 부모가 될 뿐이다.

◆ 진실한 꾸중은 자녀와 부모 사이를
더 튼튼하게 한다

모든 바른말과 꾸중이 관계를 깨뜨리는 것은 아니다. 그것은 꾸중하는 사람과 꾸중 듣는 사람의 친밀도에 따라 충분히 달라질 수 있다. 신기하게도 사람들은 꾸중을 들으면 꾸중의 내용에는 별 관심이 없고 '왜 저 사람이 나를 꾸중할까?'에 더 큰 관심을 둔다. 그 관심의 핵심은 나를 위하는 마음으로 하는 것인지, 아니면 꾸중을 위한 꾸중인지를 파악하는 것이다. 신기하게도 사람들은 한순간에 그 진위를 파악할 수 있다. 그런 것을 구분할 수 있는 촉이 아주 민감할 뿐만 아니라 정확하기까지 하다.

그래서 사람들은 꾸중할 때 그 마음을 들키지 않으려고 여러 말을 장황하게 늘어놓는다. "내가 너 얼마나 생각하는지 알지?", "내가 너를 위하니까 이런 말도 하는 거야", "내가 다른 사람한테는 이런 말 안 하는 거 알지?", "내가 이런 말한다고 나한테 좋을 게 뭐 있겠어? 다 너 잘되라고 하는 거지!" 꾸중을 위한 꾸중을 한다는 사실을 숨기고 싶어서 이런 이야기를 앞세우는 것이다. 진짜 위하는 마음이 크다면 이런 수식어는 필요 없을 것이다. 듣는 사람은 그것이 진심인지 아닌지를 바로 안다. 키우는 개도 사람들이 자기를 어떤 마음으로 대하는지 눈빛만 봐도 안다고 하는데 어떻게 사람이 모를 수 있겠는가.

듣는 사람이 느끼기에 저 사람이 날 위해서 하는 말이 아니고 그냥 꾸중을 위한 꾸중이라고 판단하면 절대로 마음으로 듣지 않는다. 꾸중을 들어야 하는 상황이라면 그냥 듣는 시늉만 할 뿐이다. 속으로 '너나 잘하세요!'라고 중얼거리며 꾸중이 끝나기만을 기다릴 것이다. 그냥 '꼰대'라고 생각하며 욕할 것이다. 그래서 이런 꾸중은 별로 도움이 되지 않는다. 그냥 관계만 더 악화시킬 뿐이다.

하지만 날 위해 진심으로 하는 꾸중이라고 느낀다면 상황은 달라진다. 그렇기에 관계가 깨질 거라고 지레 겁먹을 필요 없다. 물론 꾸중을 듣는 상황에서는 자기 고양 동기를 헤치기 때문에 기분이 나쁠 수 있다. 좋은 마음으로 꾸중한다는 것을 안다고 할지라도 기쁜 마음으로 꾸중을 받아들이기란 쉽지 않다. 하지만 그때 그 순간뿐이다. 나를 위해서, 나를 사랑하는 마음으로, 나를 아끼는 마음으로 꾸중한다는 생각이 들면 관계는 절대 깨지지 않는다. 오히려 시간이 좀 지나면 고마워하고 감사해한다. 그 마음을 알고 있기 때문이다.

그래서 진실한 꾸중의 힘을 믿는다면 두려워하지 말고 꾸중해야 한다. 내가 사랑하고 아끼는 사람이라면 절대 머뭇거려서는 안 된다. 관계가 멀어질지 모른다는 생각에 지레 겁먹을 필요도 없고 속단할 필요도 없다. 관계가 예전보다 오히려 더 좋아질 수 있다. 머뭇거리고 피하는 태도는 그 사람을 위하는 게 아니다. 그냥 그 사람을 포기해 버리는 것과 같다. 진실한 꾸중이 사람을 살릴 수 있는 유일한 길이다. 성과와 성취동기를 올릴 수 있을 뿐만 아니라 건강한 정신을 보장하는 길이 바로 진실한 꾸중에 있다.

부모라면 자녀에게 어떤 태도를 보여야 할까? 자녀를 사랑하지 않는 부모가 이 세상에 어디 있겠는가? 〈마태복음〉 7장 9~12절에 "너희 중에 누가 아들이 떡을 달라 하면 돌을 주며 생선을 달라 하면 뱀을 줄 사람이 있겠느냐. 너희가 악한 자라도 좋은 것으로 자식에게 줄 줄 알거든 하늘에 계신 너희 아버지께서 구하는 자에게 좋은 것으로 주시지 않겠느냐"라는 구절이 있다. 부모가 자식을 얼마나 사랑하는지를 표현한 대목이다. 그런 부모의 사랑을 어찌 자녀가 모를 수 있겠는가? 표현의 차이만 있을 뿐 자녀들도 부모의 사랑을 잘 안다.

그러면 어떻게 자녀에게 꾸중과 칭찬을 해야 할까? 두려움 없이 진실한 꾸중을 해야 한다. 관계가 깨질 걱정을 앞세울 필요가 없다. 자녀와 부모의 관계를 깨뜨리는 주범은 과도한 꾸중이지 진실한 꾸중이 아니다. '정당하지 않은 과도한 꾸중'을 '정당하고 진실한 꾸중'과 혼돈해서는 안 된다. 진실한 꾸중은 궁극적으로 자녀와 부모 사이를 더 튼튼하게 한다. 순간의 불편함이 두려워 진실한 꾸중을 피해서는 안 된다. 오히려 사랑이라는 명분으로 진실한 꾸중을 멀리하고 거짓된 칭찬을 전달하면 부모와 자식의 관계가 더 안 좋아질 수 있다.

◆ 정당한 꾸중이라면
　 아이도 마음으로 듣는다

진실한 꾸중을 하지 못하는 두 번째 이유는 바른말을 해도 사람들이 듣지 않을 거라는 믿음 때문이다. 어차피 듣지도 않을 이야기를 누가 하겠는가? 사람들은 경험적으로 바른말을 해도 잘 고쳐지지 않는다는 것을 잘 알고 있다. 그래서 꾸중하는 게 별로 의미가 없다고 생각하는 사람이 많다. 일견 맞는 말이다. "인간의 큰 특징 중 하나는 다른 사람의 말을 잘 듣지 않는다는 것이다. 자녀가 성인이 되어간다는 첫 번째 증거는 부모와 다른 사람의 말을 잘 듣지 않는 것이다"라는 말에 크게 공감한다. 자녀들이 부모의 말을 듣지 않을 때 속상하고 마음이 아프지만 사실 그것은 자녀가 어른이 되어가는 과정에 있다는 증거이기도 하다. 좋은 말도 잘 안 듣는데 꾸중을 어떻게 듣겠는가? 어른도 쉽지 않은 일인데 어린 자녀들에게 어찌 쉬운 일이겠는가?

그렇다고 모든 사람이 꾸중을 받아들이지 않는 것은 아니다. 이것 역시 꾸중하는 사람과 꾸중 듣는 사람의 관계에 따라 충분히 달라질 수 있다. 꾸중하는 사람과의 관계가 좋다면 꾸중을 받아들이는 일이 가능하다. 나를 위해서, 나를 사랑하는 마음으로, 나를 아끼는 마음으로 꾸중한다고 판단하면 사람들은 그 꾸중을 듣는다. 아끼는 마음에서 나온 진실한 꾸중이라는 것을 알면 결국 그 진실한 꾸중은 본인에게도 도움이 된다는 것을 알기 때문이다.

사람들은 바른말을 하는 사람을 피한다. 부담스럽기도 하고 꾸중을 듣고 싶지도 않아서다. 그런데 신기하게도 어렵고 힘들 때면 과도한 칭찬과 좋은 말만 많이 하는 사람이 아니라 진실하게 꾸중하는 사람을 찾는다. 어려우면 어려울수록 까칠하지만 바른말을 하는 사람을 찾게 되는데, 결국 도움이 되는 정보가 필요하기 때문이다. 생존을 위해서는 정확하고 진실한 말을 하는 사람이 훨씬 더 도움이 되기 때문이다.

부모와 자식과의 관계도 마찬가지다. 평상시에 칭찬을 많이 하면 자녀가 어려울 때 찾아올 거라고 생각하기 쉽다. 하지만 그런 생각은 완벽한 오산이다. 좋은 일이 있을 때는 그런 부모를 더 찾을 수도 있다. 하지만 어려운 일이 닥치고 힘들면 바른말과 진실한 꾸중을 하는 부모가 더 필요하다. 그런 부모의 말이 궁극적으로 도움이 되기 때문이고 진실로 필요한 조언과 방향성이 필요하기 때문이다.

만약 자녀가 좋은 일이 있을 때만 부모를 찾고 정작 어렵고 힘들 때 부모를 찾지 않는다면 부모의 마음이 어떻겠는가? 괜찮다고 말할 부모는 없을 것이다. 즐겁고 기쁠 때 부모를 찾는 것도 좋은 일이지만 정작 부모가 원하는 것은 어렵고 힘들 때 찾는 것이다. 부모가 실질적으로 도울 형편이 되지 않더라도 자녀가 어려울 때 부모를 찾는다는 것은 부모가 부모임을 느낄 수 있는 최고의 순간일 것이다. 자녀의 좋은 일로 기뻐해 줄 사람은 부모가 아니더라도 세상에 많을 수 있다. 하지만 자녀의 어려움을 함께 해주는 사람은 많지 않다. 부모가 유일한 사람일지도 모른다. 하지만 과도한 칭찬과 좋은 말만 했던 부모는 자녀에게 이런 상황을 기대하기 어렵다. 자녀가 그런 부모를 신뢰하지 않기 때문이다.

두려워하지 말고 진실한 꾸중을 하면 된다. 당신이 부모라면 자녀는 당신의 진실한 꾸중을 마음으로 들을 것이다. 물론 겉으로는 짜증을 내기도 하고 거부하는 태도를 보일 수 있다. 하지만 당신이 자녀를 사랑하고 위하는 마음으로 그런다는 것을 안다. 그래서 결국 마음으로 들을 것이다. 어차피 듣지도 않을 거라고 지레짐작하고 포기하면 안 된다. 자녀의 겉으로 드러나는 언행만 보고 판단하면 안 된다. 당장 행동과 태도에 변화가 없다고 진실하게 꾸중하기를 포기해서는 안 된다. 이것이 부모가 자녀에게 해줄 수 있는 최고의 선물임을 잊어서는 안 된다.

꾸중하기 전에 칭찬 먼저 하는
실수를 하지 말라

꾸중하는 게 정말로 부담스럽기는 부담스러운 모양이다. 그래서 꾸중하기 전에 칭찬 먼저 하는 사람이 많다. 칭찬을 많이 한 뒤 꾸중하면 분위기도 나쁘지 않고 꾸중도 잘 받아들일 거라는 판단에서다. 그래서 90퍼센트의 시간을 칭찬하는 데 사용하고 마지막 10퍼센트의 시간에 하고 싶은 꾸중을 하는 경우가 많다. 실컷 칭찬해 놓고 대화를 마치기 직전에 뜬금없이 "그런데 네가 아주 살짝 부족한 점이 있어. 그 부분을 조금만 더 신경 쓰면 정말 완벽에 가까울 수 있을 것 같아. 그게 뭐냐면…"하고 말을 새롭게 시작한다.

하지만 흥미롭게도 이 방법은 성공하기 어렵다. 여기에는 두 가지 문제점이 있다. 첫 번째 문제는 사람들은 듣고 싶은 말을 자기 편한 대로 듣는 경향이 있다는 데 있다. 그래서 먼저 하는 칭찬에 마음을 두고 나중에 오는 꾸중은 별로 의미를 두지 않는다. 먼저 한 칭찬이 나중에 오는 꾸중을 무시하도록 작용하는 것이다. 그래서 꾸중을 별로 주의 깊게 듣지 않아 결국 그 의미를 잃는다. 앞에서 너무 많은 시간을 칭찬으로 도배했기 때문이다.

두 번째 문제는 이런 방법이 처음 몇 번은 성공할 수 있으나 장기적으로는 성공하기 어렵다는 데 있다. 나도 개인적으로 이런 방법을 쓴 적이 있다. 아이들에게도 수없이 썼고 아내에게도 몇 번 쓴 적이 있다. 아내에게 하고 싶은 말이 있으면 먼저 칭찬을 많이 한 뒤 분위기가 좋아지면 불만을 이야기한 것이다. 처음에는 살짝 효과가 있는 것처럼 보였다. 하지만 이 전략이 몇 번 반복되자 아내는 내가 칭찬을 시작하면 짜증을 내며 내 말을 끊고는 하고 싶은 이야기가 있으면 바로 하라고 화를 냈다. 상당히 당황스럽고 민망한 순간이었다.

계속 이야기하지만 사람들은 눈치가 빨라서 대화 내용과 상관없이 다른 사람들이 무슨 이야기를 하고 싶어 하는지를 금방 알아차린다. 말하는 사람은 자기 나름대로는 상대방을 잘 속이고 있다고 생각하겠지만 사실은 전혀 그렇지 않다. 상대방이 속아주는 것이지 진짜 속는 것은 아니다. 사람은 본능적으로 생존을 위해 이런 정보의 진위를 파악하는 데 뇌가 매우 발달해 있기 때문이다. 꾸중하기 전에 어설프게 칭찬하는 실수를 범하지 않아야 한다. 오히려 꾸중의 효과를 상쇄시킬 뿐이다. 하고 싶은 이야기가 있으면 직접적이고 구체적으로 대놓고 하는 게 훨씬 효율적이다.

자녀를 꾸중할 때도 마찬가지다. 칭찬으로 먼저 도배하는 부모가 많다. 아이의 자존심을 살려주고 싶어서일 수도 있고 꾸중의 역효과(?)를 막고 싶어서일 수도 있으며 자녀와 좋은 관계를 유지하고 싶어서 그럴 수도 있다. 매우 현명하고 지혜로운 방법이라고 생각할 수 있지만 아이들에게는 통하지 않는다. 칭찬으로 이미 물들어 있는 상태에서 꾸중이 어떻게 효과를 거둘 수 있겠는가? 어려운 일이다. 한두 번 성공했다 하더라도 장기적으로는 절대 그럴 수 없다. 자녀가 부모의 꾸중 패턴을 쉽게 학습하기 때문이다.

복잡하게 머리 쓰며 꾸중하는 방법을 생각할 필요 없다. 잔기술을 많이 쓰면 쓸수록 꾸중의 효과는 감소할 뿐이다. 그냥 단호하고 이성적인 표현으로 진실한 꾸중을 하면 된다. 쓸데없이 포장할 필요도 없고 그렇다고 꾸중할 일을 가볍게 이야기해서도 안 된다. 필요한 만큼 단호하게 진실한 꾸중을 해야 한다.

◆ 거짓 칭찬으로 아이가 현실을 왜곡하도록 조작하지 말라

의도했든 의도하지 않았든 거짓 칭찬의 핵심은 아이들이 현실을 왜곡하도록 조작한다는 데 있다. 많은 사람이 거짓 칭찬을 동기부여라고 부른다. 명분 있는 멋진 말처럼 들리지만 그건 동기부여가 아니라 값싼 조작일 뿐이다. 똑똑하고 현명하다고 자청하는 부모들은 의도적으로 거짓 칭찬을 한다. 아이들이 자신이 원하는 방향으로 현실을 왜곡하도록 조작하기 위해서다. "와, 너 진짜 잘하는구나!", "너 진짜 열심히 했구나!", "너는 정말 그 분야에 재능이 있는 것 같아!", "너 조금만 더 하면 훨씬 잘할 수 있을 것 같은데!" 티끌만 한 재료만 있어도 부풀려서 칭찬을 쏟아붓는다. 물론 아이의 더 나은 미래를 위해 좋은 마음으로 하는 칭찬이라는 것을 이해하지 못하는 것은 아니다.

하지만 이것은 동기부여가 아니다. 실제로는 아이들이 하기 싫어하는 일을 억지로 시키는 간접 강요와 같다. 사회심리학에서는 이런 태도를 '자율성 침해'라고 한다. 스스로 열심히 하는 게 아니라 누군가가 은밀하게 포장한 강요와 압박으로 일을 하게끔 하는 것이다. 처음에는 거짓 칭찬으로 아이가 열심히 하는 것처럼 보일 수 있지만, 그 한계는 극명하다. 절대로 지속할 수 있는 동기가 아니다. 아이 자신이 만들어 낸 게 아니고 타인에 의해 만들어진 조작이기 때문이다. 타인이 시켜서 하는 일은 아이나 어른이나 하기도 싫고 열심히 하기는 더더욱 어렵다.

거짓된 칭찬을 통한 조작의 또 다른 문제점은 쉽게 탄로가 난다는 것이다. 어른들뿐만 아니라 아이들도 쉽게 눈치챈다. 거짓 칭찬으로 현실을 왜곡하도록 조작하려는 작전이 탄로 나면 이 작전은 당연히 성공할 수 없다. 나도 거짓 칭찬으로 현실을 왜곡하도록 우리 딸을 조작하고 싶은 유혹에 빠진 적이 있다.

딸이 대학교에 들어가더니 방송국 일을 해야 한다며 아침 6시에 일어나 학교에 가기 시작했다. 그리고 밤늦도록 일하고 집에 돌아왔다. 몇 주를 그렇게 지냈다. 평소 잠을 많이 자던 아이가 매일 일찍 일어나니 안쓰럽기까지 했다. 한편으로는 딸이 자랑스럽기도 하고 뿌듯하기도 했다. 그래서 나는 욕심을 더 내보기로 했다. 나는 딸에게 "야, 너는 진짜 멋진 것 같아. 네가 하고 싶은 일은 정말 열심히 하는구나. 정말 대단하다!"라고 과장을 얹어서 칭찬했다.

내가 정말 원했던 것은 칭찬으로 현실을 왜곡하도록 딸을 조작하는 것이었다. 딸이 계속 열심히 살아주기를 바랐던 것이다. 그런데 나의 칭찬이 끝나기가 무섭게 딸은 내게 "아빠, 나를 조작하지 마. 나는 내가 하고 싶은 대로 할 거야!"라고 말했다. 거짓 칭찬으로 동기부여를 하기는 몹시 어려운 일이다. 그것이 사실이 아니기 때문이고, 아이가 그 사실을 모를 리 없기 때문이다.

◆ 거짓 칭찬으로 아이들은
　칭찬의 노예가 된다

거짓 칭찬의 또 다른 문제는 그로 인해 아이가 칭찬의 노예가 된다는 점이다. 심리적 조작의 또 다른 형태다. 거짓 칭찬은 공부에 대한 내적 동기를 올리는 게 아니라 칭찬에 대한 동기를 올릴 뿐이다. 거짓 칭찬으로 더 높은 성적을 위해 공부하는 게 아니라 칭찬을 받기 위해 열심히 공부하는 것이다. 더 높은 성적을 받기 위해서건 칭찬을 받기 위해서건 공부만 열심히 하면 돼지 무슨 상관이냐고 반문할 수 있다. 하지만 그것은 완전히 다른 문제다.

　공부에 대한 내적 동기가 올라간 게 아니라 칭찬에 대한 외적 동기가 올라간 것이라면 아이는 부모의 피드백에 취약해진다. 칭찬에 굶주리고 칭찬에 의존하게 된다. 일이 끝날 때마다 부모가 어떤 말을 제공하는지 살피고 성적이 나올 때마다 부모의 입술에 주목하게 된다. 칭찬을 받으면 안도하고 칭찬을 받지 못하면 불안해한다. 공부를 열심히 하는 목적이 칭찬받기 위해서이기 때문이다. 이런 식으로 아이는 부모의 완벽한 통제에 갇히고 심리적으로 영원히 구속된다.

분명 부모가 원하는 그림은 아니었을 것이다. 그럼에도 부모는 이런 아이의 모습을 보며 아이가 착하다고 생각한다. 하지만 아이는 착한 게 아니다. 부모에게 의존하게 될 뿐이며 독립적이고 주체적인 성인으로 성장하는 것과는 거리가 멀어진다. 이런 현상은 아이가 성인이 되고 결혼한 뒤에도 계속 이어진다. 항상 부모의 승인과 허락을 갈구하며 그렇지 않으면 불안해하고 무력해진다. 부모에게 인정받는 게 인생의 목표가 되었기 때문이다.

아이를 거짓 칭찬으로 조작해서도 안 되고 구속해서도 안 된다. 공부에 대한 동기부여가 되지도 않을뿐더러 더 큰 문제는 아이의 생각과 삶이 거짓 칭찬으로 조작될 수 있다는 데 있다. 진실한 칭찬과 진실한 꾸중은 조작과 아무런 상관이 없다. 사실을 사실 그대로 말하기 때문이다.

◆ 아이에게 진실한 꾸중하기를
　두려워하지 말라

자녀에게 꾸중하는 것을 두려워해서는 안 된다. 사랑하는 자녀에게 꾸중을 아끼는 것은 사랑도 아니고 배려도 아니다. 무심하고 어리석은 방치일 뿐이다. 관계가 불편해질 거라고 지레 겁을 먹어서도 안 된다. 그런 일은 없을 것이다. 혹시 있다 할지라도 단기간일 뿐이다. 단기간의 불편함을 이기지 못해 꾸중을 회피한다면 그것은 구더기가 무서워 장 못 담그는 것과 같다. 어차피 듣지 않을 거라고 속단해서도 안 된다. 들을 것이기 때문이다.

진실한 꾸중을 피하는 것은 자녀를 망치는 길이고 결국 포기하는 것과 같다. 진실한 꾸중이 필요할 때 꾸중하는 게 성과와 성취동기를 끌어올릴 수 있는 길이며 정신건강을 지킬 수 있는 길이다. 바른말을 해야 하는 상황에서 바른말의 충격을 줄이기 위해 잔기술을 사용하는 오류를 범하지 말아야 한다. 오히려 역효과가 나고 꾸중의 효과를 경감시킬 수 있다. 꾸중은 구체적이고 직접적일수록 효과가 더 강력하다.

듣지 않는 아이에게도
계속 말해야 하는 이유

사랑하고 아끼는 사람이라면 머뭇거리지 말고 진실한 꾸중을 해야 한다. 그것이 사람을 사랑하는 방법이고 아끼는 방법이다. 꾸중하지 않는 게 사랑하는 방법이라고 착각하면 안 된다. 그런데 흥미롭게도 사랑하는 사람에게 꾸중하는 게 사랑하지 않는 사람에게 꾸중하는 것보다 훨씬 더 어렵다. 이유는 아주 많다. 그래도 가족끼리는 조건 없는 사랑과 지지를 보내줘야 하고, 그게 가족이라고 생각할 수 있다. 그러나 이 넓은 세상에 사랑하는 사람에게 진실한 꾸중을 해줄 사람은 가족 외에는 없다. 가족이 외면하는데 누가 감히 우리가 사랑하는 사람에게 진실한 꾸중을 해주겠는가?

그래서 우리는 자녀에게 필요한 일이라면 꾸중해야 한다. 사랑하면 사랑할수록 꾸중하고 바른말을 해야 한다. 그래야 더 성과가 좋고 정신 건강이 좋아진다. 관계가 나빠지지도 않는다. 꾸중도 마음으로 깊이 들을 것이다. 바른말이 필요할 때 외면하는 것은 사랑하는 사람에 대한 배신이고 무관심이다. 자녀든 배우자든 친구든 동료든 후배든 선배든 상관없다. 아끼고 사랑한다면 바른말을 해줘야 한다.

◆ 무의미한 조언은 없다

앞에서 모든 부모는 자녀를 사랑한다고 했다. 하지만 사실 모든 부모가 그런 것은 아니다. 세상에는 상식적으로 이해되지 않는 방식으로 자녀를 대하는 부모도 있고 사랑과 거리가 먼 언행을 하는 부모도 있다. 그런 부모들은 차치하더라도 보통 부모도 매 순간 자식을 조건 없이 사랑하는 것은 아니다. 열 손가락 깨물어 안 아픈 손가락이 없는 것은 맞지만 사실 더 아픈 손가락도 있고 덜 아픈 손가락도 있다. 많이 사랑하는 자식도 있고 그렇지 않은 자식도 있다.

자식이 어떻게 언행을 하느냐에 따라 부모의 애정의 깊이와 정도가 차이 나는 것도 사실이다. 부모와 자식의 상황과 처지에 따라 더 많이 사랑할 때도 있고 그렇지 않을 때도 있다. 솔직히 미워할 때도 있다. 특히 중고등학생 자녀를 둔 부모들은 여러 가지 상황 속에서 양가적인 감정을 가질 수밖에 없다. 원수같이 느껴지기도 하고 자식만 아니면 갈라서고 싶은 마음이 있을 때도 있다. 마음으로 욕하며 참고 견디는 시간도 있고 어서 시간이 지나가기만을 기다리는 경우도 많다.

이런 상황에 맞닥뜨렸을 때도 부모는 자녀에게 진실한 꾸중을 할 수 있을까? 그리고 꼭 그래야만 할까? 앞에서 강조했던 것처럼 자녀와 사이가 좋지 않으면 아무리 꾸중해도 마음으로 듣지도 않고 행동 수정도 하지 않을 것이다. 그런데도 나는 이 상황에서도 꾸중을 해야 한다고 생각한다. 말을 듣지 않고 행동 수정을 하지 않을지라도 진실한 꾸중은 계속되어야 한다. 허공을 가르는 무의미한 말처럼 느껴지더라도 이런 꾸중을 멈추지 않아야 한다. 행동 수정과 상관없이 자녀가 진실한 꾸중의 내용을 아는 것과 모르는 것은 하늘과 땅만큼 큰 차이가 있다. 본인이 무엇을 잘못하고 있는지 아는 것과 모르는 것은 결국 엄청난 차이를 일으키기 때문이다.

아이가 진실한 꾸중의 내용을 동의하는가 혹은 동의하지 않는가는 그렇게 중요한 문제가 아니다. 물론 동의하면 가장 좋겠지만 부모와 자녀 사이가 좋지 않을 때 자녀가 부모의 꾸중 내용에 동의하기는 몹시 어려운 일이다. 그렇더라도 진실한 꾸중을 통해 부모의 생각을 자녀에게 알려주는 것은 매우 중요하다. 진실한 꾸중이 없으면 자녀는 자기 편한 방식으로 상황을 해석하고 행동을 결정할 확률이 아주 높다. '엄마가 아무 말도 안 하는 걸 보면 이 정도는 괜찮은 일이라고 동의하는 거네'라고 생각할 확률이 높다. 그래서 자녀의 동의, 인정, 행동 수정 여부와 상관없이 해야 할 말은 꼭 진실한 꾸중의 형태로 전달해야 한다. 이런 꾸중은 본인의 의지와 상관없이 자녀의 머릿속에 남아 삶의 가치와 방향성에 지대한 영향을 줄 것이다.

진실한 꾸중 없이 자녀를 키우면 나중에 아이가 커서 사회적으로 큰 성공을 하더라도 결국 남들에게 손가락질을 받을 수 있다. 자신의 부족한 점을 인식하지 못하기 때문이다. 남들이 자기를 욕하는 것을 상상조차 못 한다. 괜찮고 멋있는 사람이라고 생각할 확률이 높다. 인생을 살면서 진실한 꾸중을 받아본 적이 없기 때문이다. 사회적으로 성공한 후에는 진실한 꾸중을 받을 기회가 완전히 사라져 버린다. 주위를 둘러보면 높은 자리에 있는 사람 중에 이런 경향을 보이는 사람이 많다. 진실한 꾸중과 거리가 먼 삶을 사는 사람들이다. 이런 꾸중을 들은 사람은 비록 행동 수정이 이뤄지지 않더라도 자기 모습에 대한 인식이 있어서 눈치도 보고 주위를 살피기도 한다.

◆ 계속 실패하는 아이에게
   위로는 정답이 아니다

사업에 계속 실패하는 친구 또는 공무원 시험에 계속 실패하는 친구가 있다고 하자. 그런 친구에게 어떤 말을 해주면 좋을까? 주위의 친구들과 부모님은 그 친구가 왜 계속 실패하는지 알까, 모를까? 당연히 모두가 다 안다. 그 분야와 관련한 재능이 부족한지, 최선의 노력을 다하지 않는지, 지금 사회적 상황이 안 좋은지, 기댈 곳이 너무 없는지, 사업 수단이 부족한지 등등 모두 다 안다. 그 친구 본인만 모른다. 아니면 그 친구도 이미 알지만 모르는 척하는 것일 수도 있다. 그렇지만 우리는 그 친구에게 실패에 대한 이유를 이야기하지 않는다. 그렇게 이야기해서는 안 된다고 믿기 때문이다.

같이 앉아 있는 것만으로도 큰 위로와 지지가 될 거라는 소리를 많이 들었기 때문일까? 우리가 주로 선택하는 방법은 함께 시간을 보내며 이야기를 들어주고 위로해 주는 것이다. 같이 밥도 먹고 커피도 마시고 술도 마신다. 물론 위로가 될 수 있다. 하지만 그것은 언제까지나 처음 몇 번 실패했을 때로 한정된다. 실패가 계속되는 상황에서는 "야, 실패해도 괜찮아. 이제 곧 좋아질 거야. 요즘 다들 어려운 거 너도 잘 알잖아. 너 조금만 참으면 성공할 거야. 조금만 더 열심히 하면 될 수 있어"라는 말들은 사실 도움이 안 된다. 위로하는 사람도, 위로받는 사람도 모두 알기 때문이다. 다음에도 쉽지 않을 거라는 것을. 계속 실패하는 데는 이유가 있기 때문이다. 하지만 우리는 그 사실을 알아도 감히 이야기할 수 없다. 안 그래도 힘들어하는 사람에게 굳이 그런 이야기를 할 필요가 있을까 하는 생각에서다.

사실 계속되는 위로에 그 친구 역시 고통받고 있을지도 모른다. 실패를 거듭하는 사람에게는 그런 말들이 아무런 의미가 없기 때문이다. 그런 말들을 사랑이라고 생각하는 사람은 없을 것이다. 그냥 좋은 사람으로 남고 싶은 어설픈 이기심일 수 있다. 계속 실패하는 친구는 다른 말을 듣고 싶을지도 모른다. "너 그 일 그만둬. 내가 볼 때 너는 할 만큼 한 것 같아. 너는 그쪽에 재능이 없을 수도 있어. 다른 일을 해보는 건 어때? 네가 OO에 재능과 취미가 있으니까 그걸 한번 해보면 어떨까? 내가 그쪽 분야에 잘 아는 분이 있는데 한번 만나볼래? 내가 한번 자리를 만들어볼게." 이렇게 말하는 사람이 있다면 그 사람이 진짜 친구이지 않을까? 그런 것을 사랑이라고 불러야 하지 않을까?

하지만 요즘 같은 긍정의 시대에는 이런 말들이 금지되어 있다. 누구도 시도하려 하지 않는다. 그러면 그 친구는 어떻게 될까? 아마도 문제의 원인을 수정하지 않은 채 계속 같은 시도를 할 것이다. 그리고 계속 실패할 것이다. 바른말을 하지 않으면 친구를 포기하는 것과 별반 다르지 않다. 어떻게 보면 상당히 이기적인 행동이다. 친구로서는 해서는 안 될 일이다.

자녀도 마찬가지다. 계속 실패하는 자녀가 안쓰럽고 안타까워서 아무

말도 못할 수 있다. 그것을 사랑이라고 애써 합리화할 수도 있다. 안 그래도 본인이 가장 힘들 텐데 더 힘들게 할 필요 있겠냐고 생각할 수 있다. 어설프게 진실한 꾸중을 했다가 관계에 금이 가면 어떻게 하나 걱정될 수도 있다. 하지만 부모라면 자녀가 왜 계속 실패하는지 누구보다도 잘 알고 있다. 충분한 노력을 안 하는지, 재능이 없는지, 기회를 찾지 못하는지, 방법을 모르는지 등등. 묵묵하게 참고 기다려 주는 게 사랑이라고 합리화할 수 있지만 그것은 사랑이 아니다. 부모라면 진실하게 사실을 알려줘야 한다. 꾸중이 필요하면 꾸중해야 한다. 받아들이든 받아들이지 않든 상관없다. 알려주는 것만으로도 자녀의 삶에 큰 도움이 될 수 있다.

◆ 부모는 진실한 꼰대가 되어야 한다

진실한 꾸중이 필요할 때 오히려 칭찬하는 사람이 많다. 좋은 뜻으로 하는 것은 이해할 수 있다. 하지만 그런 칭찬이 상대방의 삶을 엉망으로 만들 수 있다는 것을 잊어서는 안 된다. 정당하지 않은 칭찬을 동기부여의 수단으로 생각해서도 안 된다. 동기부여는커녕 성과를 낮추고 자기 불구화 현상까지 불러올 것이다.

칭찬을 많이 하면 자녀가 행복한 삶을 살 수 있을 거라고 생각하는 사람도 있다. 하지만 현실은 반대다. 훨씬 더 우울하고 불행한 삶을 살 확률이 높다. 그 칭찬이 정당하지 않고 과했을 때 벌어지는 일이다. 칭찬은 칭찬할 만할 때 해야 한다. 현실적이고 객관적인 칭찬만이 의미가 있다. 칭찬을 만병통치약처럼 사용해서는 안 된다. 그래서 아이들의 멘탈이 점점 약해지는 것이다.

칭찬으로 아이들의 한순간은 조작할 수 있지만 그 조작은 오래가지 않는다. 실체가 없으므로 결국 언젠가는 무너질 수밖에 없다. 현실성 있는 꾸중이 너무 메마르고 인간미 없다고 느껴질 수도 있다. 하지만 정당하지 않은 칭찬이 오히려 더 인간미 없는 얍삽한 조작일 뿐이다. 평생 조작할 수 있다면 모르겠지만 우리는 현실이라는 거대한 벽을 마주하고 살아야 한다. 그 장벽에서 견딜 수 있는 조작은 없다. 과장되면 과장될수록, 정당하지 않으면 정당하지 않을수록 우리 자녀가 겪어야 할 고통과 아픔은 커진다. 과장된 칭찬은 사랑도 아니고 배려도 아니다. 그냥 좋은 사람으로 남고 싶은 어설픈 이기심이다. 그 이기심이 채워질 수만 있다면 그래도 반은 성공했다고 할지 모르겠다. 하지만 그 이기심도 절대 채워질 수 없다. 현실성 없는 칭찬이 공허한 말임을 시간이 가면 모두가 알게 되기 때문이다. 있는 그대로를 칭찬하고 꾸중하는 게 중요하다.

우리에게 당장 필요한 것은 진실한 꾸중일 수 있다. 꼰대라는 이름으로 꾸중이 사라지는 지금이 안타깝다. 긍정이 더 필요한 때라고 외치지만 현실성 없는 긍정은 어차피 설 자리가 없다. 그렇다고 정당하지 않은 꾸중을 하자는 게 아니다. 그런 꾸중의 아픔은 이미 충분히 경험했다. 이제는 그런 꾸중을 반복해서는 안 된다. 정당하고 진실한 꾸중을 하자는 것이다. 정당한 꾸중이 없어서 망가져 가고 약해져 가는 아이들과 사람들을 보는 게 안타깝다.

이 위기를 무한 긍정과 칭찬으로 덮어가려는 노력은 더욱더 안타깝다. 더 깊은 수렁으로 아이들과 사람들을 인도하기 때문이다. 진실한 꾸중이 사랑이고 배려다. 진실한 꾸중 없이는 성장도 불가능하고 발전도 불가능하다. 진실한 꾸중이 아이들의 정신을 더 강하게 하고 어려운 시련과 아픔을 헤쳐 나가게 한다. 이제는 사랑하는 사람들을 위해 용기를 낼 때다. 좀 더 진실한 꾸중으로 자녀를 대해야 한다. 좀 더 큰 용기를 내어 '진실한 꼰대'가 되면 좋겠다. 바로 그런 존재가 사랑하는 자녀와 주위 사람들에게 꼭 필요한 사람이다.

PART
2

너무
긍정적이지도,
부정적이지도 않은
자기 객관화의 힘

긍정의 시대를
살고 있는
아이들

01

긍정심리학의 인기와 함께 긍정적 사고를 강조하는 문화가 우리 사회를 흔들고 있다. 책에서도 인터넷에서도 긍정성을 키워야 한다고 강조하는 사람들이 많다. 대상은 아이들에게만 국한되지 않는다. 직장인들부터 CEO까지 모두 '긍정성' 개발에 취해 있다. 하지만 자기 자신을 현실보다 더 긍정적으로 보는 것은 성공에 도움이 되지 않는다. 단점을 보완하는 데 관심이 없고 현실에 안주하기 때문이다. 필요한 노력을 하지 않고 현실을 외면하기 때문이다. 절대 성공할 수 없는 조건들이다. 우리에게 필요한 것은 현실에 기초한 긍정성과 부정성이다.

항상 시험을 잘 봤다는 아이와
못 봤다는 아이

"현수야, 수학 시험 다 맞았어? 틀린 문제 있어?" 집에 들어오는 현수에게 엄마가 기다렸다는 듯이 물었다. 현수는 환하게 웃으며 "엄마, 다 맞은 것 같아!"라고 말했다. 현수 엄마는 현수의 말에 아주 흡족해했다. 곧이어 누나인 미진이 울상으로 들어왔다. 걱정스러운 얼굴로 엄마가 물었다. "미진아, 수학 시험 잘 봤어? 몇 개 틀렸어?" 미진은 울음을 참아가며 "엄마, 다 망친 것 같아"라고 말했다. 엄마가 미진의 대답에 혼을 내자 아이는 참았던 눈물을 쏟으며 방으로 들어가 버렸다. 그날 현수는 행복했고 미진이는 불행했다.

내 친구 현수와 누나 미진의 중학교 시절 이야기다. 신기한 것은 현수는 시험을 보고 온 날 항상 시험을 잘 봤다고 이야기하고, 미진은 항상 시험을 망쳤다고 이야기했다. 그런데 더 신기한 것은 2주 후에 진짜 성적이 나왔을 때다. 성적표를 들고 집에 들어오는 현수와 미진의 표정은 기대와는 달랐다. 다 맞았다고 호언장담하던 현수의 얼굴은 실망과 낙담으로 가득 차 있었고, 망쳤다고 울었던 미진의 얼굴은 그리 나쁘지 않았다. 현수와 미진은 똑같이 수학 문제 25개 중 23개를 맞혀 92점을 받았다.

다 맞은 것도 아니지만 그렇다고 망친 것도 아니었다.

그러면 왜 현수는 다 맞았다고 생각하고, 미진은 다 망쳤다고 생각했을까? 현수와 미진의 계산 방식이 달랐기 때문이다. 현수는 시험을 본 뒤 25개 문제 중 22개는 확실히 맞았다고 생각하고, 나머지 세 문제 중 두 문제는 50퍼센트 확률로 맞았다고 생각했다. 답이라고 추정되는 선택지가 두 개 있었기 때문이다. 나머지 한 문제는 전혀 몰라서 무작위로 찍었다. 이 상황에서 누가 "25개 중 몇 개 맞힌 것 같아?"라고 물으면 당신은 몇 개라고 이야기하겠는가? 아마도 23개가 가장 합리적인 숫자일 듯하다. 22개는 맞았다고 확신하니 맞는 것으로 계산하고, 두 문제는 50퍼센트 확률이니 두 문제 중 한 문제만 맞는 것으로 계산하고, 나머지 한 문제는 틀린 것으로 계산하면 된다.

하지만 현수는 그렇게 계산하지 않았다. 22개는 당연히 맞는 것으로 계산했고, 50퍼센트 확률인 두 문제도 모두 맞는 것으로 계산했다. 50퍼센트 정도의 확률은 현수에게 맞은 것과 다름없었다. 무작위로 찍은 한 문제도 운이 좋으면 맞을 수 있다고 생각했다. 그래서 현수는 적어도 24개는 맞았고, 잘하면 25개 다 맞았을 거라고 생각해 엄마에게 당당히 다 맞았다고 이야기했다. 현수 처지에서는 상당히 설득력 있는 계산이다.

미진의 상황도 비슷하다. 미진은 22개는 맞았고, 두 문제는 50퍼센트 확률이며, 나머지 한 문제는 전혀 몰라서 무작위로 찍었다. 현수와 비슷한 상황이었지만 미진은 다섯 문제를 틀리고 20개를 맞았다고 생각했다. 50퍼센트 확률로 맞았다고 생각한 두 문제는 당연히 틀린 문제로 계산했다. 50퍼센트 정도의 확률은 미진에게는 틀린 것과 다름없었다. 무작위로 찍은 한 문제는 생각할 여지도 없었다. 그리고 더 중요한 것은 맞았다고 생각한 22개의 문제 중에서도 두 문제는 틀릴 수도 있다고 생각했다. 자기도 모르게 실수로 한두 문제는 틀렸을 수도 있다고 예상했기 때문에 다섯 개나 틀렸다고 생각했다. 미진으로서는 상당히 현실적이고 설득력 있는 계산이다.

◆ 과도하게 긍정적인 아이는
　세상이 두렵다

현수와 미진의 태도는 인생을 대하는 아이들의 두 가지 방어 기제를 나타낸다. 현수는 인생을 가능하면 긍정적으로 보려고 노력한다. 자기 자신에 대해서도 가능하면 긍정적으로 보려고 노력한다. 이미 끝난 시험을 부정적으로 봐서 좋을 게 뭐가 있겠는가. 가능하면 긍정적으로, 좋게 보는 게 인생에 도움이 된다고 생각한다. 긍정적인 태도를 지녀야 오늘도 행복하고 내일도 행복할 수 있다고 믿는다.

　이런 태도가 방어 기제인 이유는 세상의 어려움을 헤쳐 나가는 방식 중 하나이기 때문이다. 50퍼센트의 확률로 맞을 수 있는 문제는 50퍼센트의 확률로 틀릴 수 있는 문제이기도 하다. 이것을 맞았다고 볼지, 아니면 틀렸다고 볼지는 개인의 선택인데, 현수는 과감히 맞았다고 봤다. 무작위로 찍은 문제도 맞을 수 있다고 생각할 정도였다. 인생의 문제를 가능하면 긍정적인 방향으로 바라보는 태도다. 세상과 자기 자신을 긍정적인 자세로 바라봐야만 세상의 어려움을 헤쳐 나갈 수 있다고 믿는 경우다.

사실 이런 아이들은 역설적으로 자기 자신과 세상을 있는 그대로 바라보고 대처하는 게 두렵고 무섭다. 그래서 세상의 두려움과 어려움을 헤쳐 나가는 전략의 하나로 무한 긍정을 선택한 것뿐이다. 이런 태도로 세상을 살아가는 사람은 아이들뿐만 아니라 어른들도 수없이 많다.

컵 안에 물이 50퍼센트 정도 남았을 때 이런 아이들은 "물이 반이나 남았네"라고 이야기한다. 충분한 물이 남아 있으니 아직 괜찮은 상태라는 뜻이다. 같은 것을 봐도 최대한 긍정적으로 바라보는 태도다. 우리는 이런 태도를 가진 아이들을 좋아한다. "그 아이는 정말 긍정적이야", "참 괜찮은 아이야", "아이가 참 밝아" 이런 말을 하며 호감을 표한다. 아마도 우리가 긍정의 시대를 살아가고 있어서 그런 것 같다.

◆ **과도하게 부정적인 아이는**
   세상을 피하고 싶다

하지만 미진은 다르다. 미진은 가능하면 세상을 부정적으로 보려고 한다. 자기 자신에 대해서도 가능하면 부정적으로 보려고 한다. 시험 결과가 어떻게 나올지 모르겠지만 최대한 부정적인 결과를 예측한다. 이런 태도 역시 방어 기제 중 하나다. 50퍼센트 확률로 맞을 수도 있지만, 미진은 50퍼센트 확률로 틀릴 수도 있다는 쪽에 더 주목했다. 자기방어를 위해 취하는 심리적 전략이다.

현실보다 좀 더 부정적인 결과를 예측하는 게 생존에 도움이 될 수 있다고 믿는다. 의도적으로 더 부정적인 결과를 예측해 두면 실제로 나중에 부정적인 결과가 나왔을 때 상처를 줄일 수 있기 때문이다. 상처받고 실망할 상황을 미리 염두에 두고 마음으로 준비해 놓는 전략이다. 혹시 예측보다 더 좋은 결과가 나오더라도 전혀 나쁠 게 없다. 겸손한 모습으로 포장할 수 있고, 좋은 성과는 더 돋보이기 때문이다.

미진은 인생의 문제를 해석하고 해결할 때 가능하면 최대한 부정적인 방향으로 생각한다. 세상과 자기 자신을 부정적인 자세로 바라봐야만 세상의 어려움을 헤쳐 나갈 수 있다고 믿는다. 이런 아이들 역시 자기 자신과 세상을 있는 그대로 바라보고 대처하는 게 두렵고 무섭다. 세상의 두려움과 어려움을 헤쳐 나가는 전략의 하나로 무한 부정을 선택한 것뿐이다. 안타깝게도 이런 태도를 가지고 세상을 살아가는 아이들이 수없이 많다.

이런 아이들은 시험을 본 뒤 친구들이 잘 봤냐고 물으면 "완전히 망쳤어!"라고 이야기한다. 다른 사람들에게도 자기 자신을 부정적인 모습으로 포장해 놓는다. 나중에 닥칠 수 있는 부정적인 사건을 심리적으로 미리 대비하는 모습이다. 컵에 물이 50퍼센트 정도 남았을 때 이런 아이들은 "물이 반밖에 안 남았네"라고 이야기한다. 물이 부족해 상태가 위험하다는 뜻이다. 이런 태도를 보이는 또 하나의 이유는 미래의 나쁜 상황을 실제로 방지하기 위해서다. 물이 부족할 거라고 생각해 두면 물을 조금씩 아껴 마시면서 나쁜 미래를 대비할 수 있기 때문이다.

하지만 우리 사회는 이런 아이들을 별로 좋아하지 않는다. 매사가 부정적이기 때문이다. 이런 아이들은 자신감이 부족하다. 항상 다른 사람의 확인과 인정이 필요하다. 이런 아이를 보면 조금 안쓰럽기까지 하다.

괜찮은 실력과 능력을 갖추고 있는데도 본인은 그렇게 생각하지 않기 때문이다.

지금부터는 어떤 태도를 가진 아이들이 더 높은 성과를 얻고 더 행복한 삶을 사는지 논의해 보려 한다. 자신에 대해 현실보다 좀 더 긍정적인 자세를 가지고 있는 아이일까? 아니면 자신에 대해 현실보다 좀 더 부정적인 자세를 가지고 있는 아이일까?

◆ 과도하게 긍정적인 사람과
　 과도하게 부정적인 사람의 최후

제임스 스톡데일James Bond Stockdale 이라는 이름을 가진 미국 장교가 있었다. 베트남 전쟁에 참전했다가 1965~73년까지 8년 동안 동료들과 함께 베트남 포로수용소에 감금되었다가 풀려난 장교다. 포로로 수용된 미국 군인들은 엄청난 신체적 고문과 정신적 고문을 받았다. 스톡데일 역시 수많은 고문 끝에 팔과 다리를 심각하게 다쳐 평생을 장애인으로 살아가야 했다. 그는 미국으로 돌아온 뒤 흥미로운 사실을 공개했다. 함께 포로로 감금된 동료 중 누가 끝까지 죽지 않고 돌아올 수 있었는지에 관한 내용이었다.

나에게 같은 상황이 닥쳤다고 한번 상상해 보자. 베트남 전쟁에 참전한 첫날에 비행기가 추락해 포로로 잡혔다. 포로수용소에 갇힌 첫날 밤무슨 생각을 할까? 외부 강연을 할 때 청중에게 이 질문을 하면 반응이 세 그룹으로 나뉜다.

첫 번째 그룹은 "아, 이제 죽었구나. 내가 이렇게 죽는구나. 내가 여기서 살아 나갈 수 있을까? 적군이 나를 살려줄까? 이미 죽은 목숨이다"라고 생각할 것 같다고 말한다. 죽을 확률이 아주 높다고 생각하며, 자신의 상황을 현실보다 더 부정적으로 보는 사람들이다.

두 번째 그룹은 "미국 본토에서 우리를 곧 찾을 것이다. 우리는 곧 풀려날 거야. 미국 군사령부는 우리가 이곳에 잡혀 있는 사실을 이미 파악하고 있고, 지금 구출 작전을 수립하고 있을 것이다. 구출은 시간문제야. 조금만 참으면 다시 미국으로 돌아갈 수 있을 거야"라고 생각할 것 같다고 말한다. 살 확률을 아주 높게 평가하며, 자신의 상황을 현실보다 더 긍정적으로 보는 사람들이다.

세 번째 그룹은 "시간이 좀 걸릴 수 있어서 쉽지 않은 포로 생활이 될수 있겠다. 하지만 참고 견디면 구출될 수 있을 거야"라고 생각할 것 같다고 말한다. 자신의 상황을 현실적으로 바라보는 사람들이다.

스톡데일 역시 다양한 그룹의 포로들을 관찰했다. 예시로 든 두 번째 그룹처럼 상황을 현실보다 더 긍정적으로 판단하는 포로들도 있었고, 세번째 그룹처럼 상황을 현실적으로 인식하는 포로들도 있었다. 스톡데일은 이 중 두 번째 그룹에 해당하는 포로들, 현실감 없이 그저 상황을 긍정적으로 낙관한 포로들은 안타깝게도 모두 죽었다고 증언했다. 이 두번째 그룹에 속한 포로들은 자기들이 적어도 크리스마스 전에는 구출될거라고 믿었다는 것이다. 물론 그해 크리스마스까지 그들은 구출되지 않았다. 살짝 낙담했지만 그들은 그래도 다음 해 부활절까지는 구출될 거라고 믿었다고 한다. 물론 포로들은 다음해 부활절까지도 구출되지 않았다. 그 후 그들은 그해 추수감사절까지 희망을 품어보았고, 그 후에는 크리스마스까지 희망을 품었다고 한다. 물론 기대하던 일은 일어나지 않았다. 이렇게 그들은 반복되는 낙담과 상실감에 모두 죽음을 맞이했다. 스톡데일 장교는 이 경험을 통해 현실성 없는 긍정성은 좌절과 낙담만 불러올 뿐이라고 주장했다.

대신 그가 강조한 것은 '현실성 있는 낙관론'이다. 현실성과 낙관론이 이론적으로 양립할 수 없어서 이것을 '스톡데일 패러독스 stockdale paradox'라고 부른다. 결국 그의 주장은 현실을 정확하게 인식해야 한다는 뜻이다. 그래야 그에 대한 대책을 세울 수 있기 때문이다. 앞에서 예로 든 세 번째 그룹이 여기에 해당한다. 적국의 땅에서 포로로 수용된 상태를 정확하게 인식해야 하고, 탈출도 쉽지 않다는 것을 인식해야 한다. 단기간에 구출될 수 있을 거라는 기대도 버려야 한다. 이런 상황을 현실적으로 인정하는 게 중요하다. 그래야만 적절한 준비와 대책을 세울 수 있기 때문이다.

이런 현실적 인식 없이는 적절한 대책을 세울 수 없다. 적절하고 합리적인 준비는 현실을 정확하게 지각할 때만 가능하기 때문이다. 이런 입장에서 두 번째 그룹을 생각해 보면 왜 그들이 죽음을 맞이할 수밖에 없었는지 쉽게 이해할 수 있다. 현실을 직시하지 않고 낙관적인 태도만 지녔기 때문이다. 어려운 상황에서 좋은 일이 일어나기만을 기다렸기 때문이다. 어려운 상황을 극복하기 위한 대책을 찾기는커녕 낙관적인 생각에 안주해 버렸기 때문이다. 그런 그들에게 찾아온 것은 반복되는 낙담과 상실감이었고, 그런 식으로는 8년이라는 긴 시간을 견딜 수 없었다.

물론 8년 후에 구출될 것을 미리 알았다면 상황이 달라질 수 있었겠지만 우리는 누구도 미래를 예측할 수 없다. 1년 후에 구출될지, 5년 후에 구출될지, 10년 후에 구출될지, 아니면 영원히 구출되지 않을지 누가 알 수 있었겠는가? 아무도 알 수 없다. 그러기에 포로들은 계속되는 낙담과 실패를 견디지 못했고, 그렇게 죽음을 맞이했다.

　스톡데일은 첫 번째 그룹처럼 상황을 현실보다 더 부정적으로 보는 포로들은 언급하지 않았다. 두 번째 그룹의 포로들이 죽어 나가는 게 충격적이었던 것 같다. 긍정의 힘을 굳게 믿었던 당시의 시대적 분위기를 생각해 보면 얼마나 충격적이었는지 쉽게 가늠할 수 있다. 하지만 나는 첫 번째 그룹처럼 상황을 현실보다 더 부정적으로 보는 포로들도 존재했을 거라고 확신한다. 그 포로들은 어떻게 되었을까? 나는 그들 역시 두 번째 그룹의 포로들처럼 죽었을 거라고 확신한다. 이유는 간단하다. 그 포로들도 현실을 직시하지 못했기 때문이다. 상황을 부정적으로 보며 곧 죽을 거라고 믿는 포로들이 무슨 대책을 준비했겠는가? 애초부터 불가능한 일이다. 밥도 제대로 먹지 않고, 규칙적인 운동도 하지 않고, 아무것도 하지 않은 채 죽음을 준비하며 시름시름 병들어 갔을 것이다. 스톡데일의 핵심 주장은 현실을 정확하게 인식하는 게 근거 없는 낙관론보다 훨씬 더 유익하다는 것이다.

너무 긍정적이어도,
너무 부정적이어도 공부를 못한다

스톡데일의 이야기를 무조건 일반화하기는 어렵다. 한 개인의 경험이기 때문이다. 그래서 나는 스톡데일의 경험을 심리학 실험으로 재현해 확인해 보기로 했다. 나는 먼저 학생들을 세 그룹으로 분류했다. 첫 번째 그룹은 자기 자신을 현실보다 더 긍정적으로 보는 학생이고, 두 번째 그룹은 자기 자신을 현실보다 더 부정적으로 보는 학생, 세 번째 그룹은 자기 자신을 현실에 맞춰 보는 학생이다. 그리고 세 그룹 중 누가 가장 공부를 잘하는지 검증했다.

가설을 검증하기 위해 나는 미국 대학생 215명을 실험실로 불렀다. 그리고 10문제로 구성된 수학 시험을 10분간 치르게 했다. 시험이 끝난 뒤 나는 학생들에게 두 가지 질문을 했다. 첫 번째는 "지금 치른 수학 시험에서 몇 문제를 맞힌 것 같나요?"였고, 두 번째는 "지금 자신의 학점이 어떻게 되나요?"였다. 실험 참여 학생들은 두 질문에 답한 뒤 실험실을 떠났다.

나는 215명의 학생이 치른 수학 시험을 채점했다. 정답을 맞힌 수학 문제 수의 평균은 5.80개였다. 평균보다 시험을 아주 잘 본 학생도 많았고 평균보다 시험을 아주 못 본 학생도 많았다. 하지만 내가 관심이 있었던 것은 시험을 얼마나 잘 봤느냐가 아니라 학생들의 실제 시험 성적과 학생들이 보고한 시험 성적과의 괴리였다. 이 괴리를 기초로 첫째는 자기 자신을 현실보다 더 긍정적으로 보는 학생, 둘째는 자기 자신을 현실보다 더 부정적으로 보는 학생, 셋째는 자기 자신을 현실에 맞게 보는 학생으로 분류했다.

◆ 자신이 생각한 성적과
실제 성적의 차이

나는 구체적으로 각 학생이 보고한 성적에서 실제 성적을 뺐다. 나타날 수 있는 대표적인 경우는 다음과 같이 네 개였다.

A 학생은 열 문제 중 여덟 문제를 맞혔다고 보고했고, 실제 맞힌 문제가 여섯 개였다. 그럼 차이는 +2다. +2의 뜻은 A 학생이 실제보다 두 개를 더 맞혔다고 보고했다는 것이다. 즉, A 학생은 현실보다 자기 자신을 더 긍정적으로 인식하는 것이다. 현수와 같은 아이다.

B 학생은 열 문제 중 여섯 문제를 맞혔다고 보고했고, 실제 맞힌 문제는 아홉 개였다. 그럼 차이는 -3이다. -3의 뜻은 B 학생이 실제보다 세 개를 덜 맞혔다고 보고했다는 것이다. 즉, B 학생은 현실보다 자기 자신을 더 부정적으로 인식하는 것이다. 미진이와 같은 아이다.

C 학생은 열 문제 중 아홉 문제를 맞혔다고 보고했고, 실제 맞힌 문제도 아홉 개였다. 그럼 차이는 0이다. 0의 뜻은 C 학생이 자기 자신을 객관적이고 현실적으로 보고했다는 것이다. 특별히 점수가 높았으므로 '현실적인 긍정성'이라고 부를 수 있다.

D 학생은 열 문제 중 세 문제를 맞혔다고 보고했고, 실제 맞힌 문제가 세 개였다. 그럼 차이는 0이다. 0의 뜻은 D 학생 역시 자기 자신을 객관적이고 현실적으로 보고했다는 것이다. 특별히 점수가 낮았으므로 '현실적인 부정성'이라고 부를 수 있다.

정리해 보자. 각 학생이 보고한 성적에서 실제 성적을 뺄 때, + 숫자가 커지면 커질수록 자기 자신을 현실보다 더 긍정적으로 인식한다는 것을 뜻한다. 시험을 잘 보지 못했는데도 불구하고 잘 봤다고 이야기하는 경우다. 비현실적 긍정성을 가진 학생이다.

각 학생이 보고한 성적에서 실제 성적을 뺄 때, - 숫자가 커지면 커질수록 자기 자신을 현실보다 더 부정적으로 인식한다는 것을 뜻한다. 시험을 잘 봤는데도 불구하고 잘 보지 못했다고 이야기하는 경우다. 비현실적 부정성을 가진 학생이다.

각 학생이 보고한 성적에서 실제 성적을 뺄 때, 0에 가까울수록 자기 자신을 현실적으로 인식한다는 것을 의미한다. 0에 대해 한 가지 기억해야 할 사실은 0은 현실적 긍정성과 현실적 부정성 모두를 포함한다는 것이다. 시험을 잘 봤을 때 잘 봤다고 이야기하는 학생은 현실적 긍정성을 가진 사람이고, 시험을 잘 못 봤을 때 잘 못 봤다고 이야기하는 사람은 현실적 부정성을 가진 학생이다. 하여튼 이 두 그룹 모두 '현실성'을 가진 학생들이다. 긍정성이든 부정성이든 모두 현실성을 잘 반영하고 있다.

가설 검증을 위해 괴리(각 학생이 보고한 성적에서 실제 성적을 뺀 값)를 X축에 두고 학생들이 보고한 대학교 학점을 Y축에 놓았다. 비현실적 긍정성을 가진 학생, 비현실적 부정성을 가진 학생, 현실적 긍정성을 가진 학생, 현실적 부정성을 가진 학생 중 누가 성적이 가장 높은지를 보기 위해서였다.

◆ 너무 부정적인 아이들은
   공부를 못한다

뒤의 그래프에서 실험 결과를 확인할 수 있다.[5] X축에서 0을 기준으로 왼쪽은 비현실적 부정성을 가진 학생들이다. 도표를 보면 X축에서 − 숫자가 커질수록 학점이 낮아지는 패턴을 볼 수 있다. 자기 자신을 현실보다 더 부정적으로 보면 볼수록 성적이 낮아진다는 것을 의미한다. 즉, 비현실적 부정성이 강할수록 성적이 낮아진다.

이런 패턴을 이해하는 것은 어려운 일이 아니다. 비현실적 부정성을 가진 학생들의 태도와 깊은 관련이 있기 때문이다. 이런 학생들은 주어진 과제를 열심히 하지 않고 쉽게 포기한다. 자신에 관한 생각과 믿음이 현실에 비해 너무 부정적이기 때문이다. 항상 우려와 걱정으로 자신감이 없고, 실력을 겸비했음에도 불구하고 자기가 실력이 없다고 생각한다.

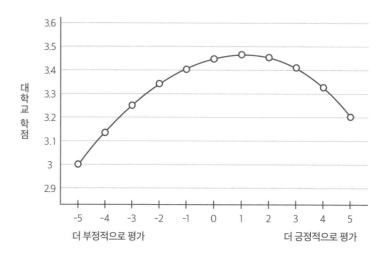

현실보다 더 긍정적인 학생과 부정적인 학생 중 누가 공부를 잘할까

출처: Kim, Y-H., Chiu, C-y., & Zou, Z. (2010).

그래서 시도도 하지 않고 노력도 하지 않으며 포기라는 쉬운 길을 선택해 버린다.

스톡데일이 경험한 포로수용소에 감금되었던 첫 번째 그룹의 사람들과 같다. 현실을 너무 부정적으로 보기 때문에 미리 겁을 먹고 포기해 버린다. 어차피 죽을 목숨인데 무슨 노력이 필요하겠는가? 이런 부류의 아이들은 '포기'라는 안경을 끼고 자기 자신을 바라본다. 세상을 바라보는 관점도 비슷하다. 수능도 마찬가지고, 취직도 마찬가지고, 면접도 마찬가지고, 하물며 연애도 마찬가지다. 이런 태도를 가진 아이들이 세상에서 성공하는 것은 불가능에 가깝다. 필요한 노력과 대비를 하지 않고 대신 포기를 선택하기 때문이다.

◆ 너무 긍정적인 아이들도
　공부를 못한다

X축에서 0을 기준으로 오른쪽은 비현실적 긍정성을 가진 학생들이다. 도표를 보면 X축에서 + 숫자가 커질수록 학점이 낮아지는 패턴을 볼 수 있다. 자기 자신을 현실보다 더 긍정적으로 보면 볼수록 성적이 낮아진다는 것을 의미한다. 비현실적 긍정성이 강할수록 성적이 낮아지는 아주 흥미로운 현상이다. 어떻게 이런 일이 발생할 수 있을까? 비현실적 긍정성에는 어떤 문제가 있고, 이 학생들의 학점이 낮은 이유는 무엇일까?

　비현실적 긍정성의 최대 문제점은 노력 부재다. 실력이 없는데 실력이 있다고 믿으면 노력하지 않게 된다. 더 엄밀하게 말하면 노력할 필요성을 느끼지 못하게 된다는 뜻이다. 실력이 있다고 믿기 때문이고, 현실의 상태가 좋다고 믿기 때문이다. 좋지 않은 현실을 직시해야만 노력에 대한 명분과 동기가 생길 수 있다는 것을 고려하면 충분히 이해할 수 있는 태도다.

　이런 비현실적 긍정성의 태도가 타인에게는 좋게 보여 긍정적이고 밝은 사람이라는 사회적 평판을 얻을 수 있다. 하지만 그런 평판은 빛 좋은 개살구에 지나지 않는다. 포로수용소에 감금된 두 번째 그룹의 사람들과 같다. 현실이 암울한데도 불구하고 아무런 준비 없이 곧 구출될 거라는 막연한 믿음으로 기다린 사람들이다. 아무것도 하지 않고 좋은 결과만을 기다렸다. 이런 사람들이 맞이하게 될 현실은 낙담과 절망뿐이며 실패는 최종 결과물이다.

　수능, 취직, 면접, 시험을 준비하면서 이런 비현실적 긍정성을 보이는 아이들이 많다. 좋은 결과를 기대할 만한 실력과 준비가 안 되어 있는데도 다 잘될 거라고 굳게 믿는 것이다. 물론 주위 사람들은 그런 긍정적 태도를 칭찬한다. 하지만 안타깝게도 비현실적 긍정성을 가진 사람들은 성공할 수 없다. 그런 태도에는 성공을 위한 노력이 따르지 않기 때문이다.

◆ 현실성을 가진 아이들이
　공부를 제일 잘한다

X축에서 0 주위는 현실성을 가진 학생들이다. 그래프를 보면 X축에서 0에 가까울수록 학점이 높아지는 패턴을 볼 수 있다. 자기 자신을 현실적으로 지각할수록 성적이 높아진다는 것을 의미한다. 현실성이 강할수록 성적이 높아지는 것이다. 결론적으로 공부를 제일 잘하는 학생은 자기 자신을 현실보다 더 긍정적으로 보는 학생도 아니고, 그렇다고 더 부정적으로 보는 학생도 아니다. 자기 자신을 있는 그대로 보는 학생이 공부를 제일 잘한다.

왜 이런 현상이 나타날까? 현실을 직시할 때 노력할 수 있기 때문이다. 여기서 다시 한번 상기해 봐야 할 사실은 X축의 0이 현실적 긍정성과 현실적 부정성 두 개를 모두 포함한다는 것이다. 시험을 잘 봤을 때 잘 봤다고 인식한 사람도 포함하고, 시험을 잘 못 봤을 때 잘 못 봤다고 인식한 사람도 포함한다. 자기의 장점을 정확하게 인식하는 사람도 성적이 높고, 자기의 단점을 정확하게 인식하는 사람도 성적이 높다는 뜻이다. 약점이든 장점이든 정확하게 현실적으로 인식하는 게 성공의 원천인 셈이다.

메타인지를 잘하는 아이가
공부도 잘한다

긍정심리학의 인기와 함께 긍정적 사고를 강조하는 문화가 우리 사회를 흔들고 있다. 책에서도 인터넷에서도 긍정성을 키워야 한다고 강조하는 사람들이 많다. 대상은 아이들에게만 국한되지 않는다. 직장인들부터 CEO까지 모두 '긍정성' 개발에 취해 있다. 하지만 자기 자신을 현실보다 더 긍정적으로 보는 것은 성공에 도움이 되지 않는다. 단점을 보완하는 데 관심이 없고 현실에 안주하기 때문이다. 필요한 노력을 하지 않고 현실을 외면하기 때문이다. 절대 성공할 수 없는 조건들이다. 우리에게 필요한 것은 현실에 기초한 긍정성과 부정성이다.

현실성의 중요성은 요즘 주목받는 메타인지metacognition에서도 확인할 수 있다. 메타인지란 자신의 인지 과정에 대해 인식하고 조절하는 능력을 말하며, 쉽게 말해 '생각에 대한 생각'이다. 학습 상황에서 메타인지는 자신이 무엇을 알고 있고 무엇을 모르는지를 파악하며, 적절한 학습 전략을 선택하고 조절하는 능력과 직결된다.

최근 다양한 연구에서 메타인지가 성적 향상뿐 아니라 자기 주도적 학습에도 긍정적인 효과를 미친다는 결과가 쏟아지고 있다. 흥미로운 것은 이런 메타인지의 핵심이 자기 자신을 정확하고 객관적으로 인지하는 것에서부터 출발한다는 사실이다. 정확하고 객관적인 현실적 자아 인식 없이는 메타인지도 없는 셈이다.

◆ 과도한 긍정과 부정은 모두 '노력의 부재'로 귀결된다

비현실적 자아상을 가진 아이들이 삶에서 무너지는 모습은 노력의 부재로 설명된다. 앞에서 예로 들었던 현수와 미진의 예를 생각해 보면 쉽게 이해할 수 있다. 현수는 시험에서 무작위로 찍은 문제까지도 맞았을 거라고 믿었다. 그만큼 비현실적 긍정성이 강한 아이다. 주위 사람들은 현수의 밝고 긍정적인 모습을 좋아하지만 진짜 문제는 이런 성격 때문에 현수가 노력하지 않는다는 점이다. 결국 이런 태도는 성적 저하로 이어질 수밖에 없다. 현실성 없는 긍정적인 태도로 자신과 세상을 대하기 때문이다.

이런 태도는 현실 외면이자 현실 도피다. 당장은 어려운 현실을 피할 수 있을지 모르겠으나 그렇게 한다고 해서 부정적인 측면이 완전히 사라지는 것도 아니고 해결되는 것도 아니다. 그냥 보고 싶지 않은 부분을 못 본 척하며 긍정적인 부분만 볼 뿐이다. 그냥 그 순간만 넘어가자는 생각이다. 하지만 이런 태도는 결국 더 큰 실망과 낙담을 낳는다. 현실에서 필요한 준비와 노력을 하지 않았기 때문이다.

미진의 태도도 방향성만 다를 뿐 현실을 직시하지 못한다는 점에서는 매한가지다. 미진이는 시험에서 맞았다고 생각한 문제도 틀릴 수 있다고 판단했다. 그만큼 비현실적 부정성이 강했다. 이런 태도를 지닌 미진을 누가 좋아하겠는가? 모두가 싫어한다. 매사가 부정적이기 때문이다. 하지만 더 큰 문제는 미진이 노력하지 않고 쉽게 포기해 버린다는 점이다. 이런 태도는 결국 성적 저하로 이어질 수밖에 없다. 현실성 없는 부정적 태도로 자신과 세상을 대하며 시도조차 하지 않고 쉽게 포기해 버리기 때문이다.

비현실적 부정성을 가진 사람들은 현실을 있는 그대로 받아들이지 않고 부정적인 부분에만 매몰되어 있다. 이런 태도의 가장 큰 문제는 자기의 장점을 잊은 채 과도하게 부정적인 측면에 매몰되어 자신감을 상실하게 된다는 점이다. 이런 경향 때문에 비현실적 부정성을 가진 아이들은 문제 해결에 관심을 보이지 않고 그냥 현실을 비관하며 포기해 버린다. 부정적인 측면을 항상 염두에 두는 게 미래를 대비하는 등 생존 전략 측면에서는 유익한 면이 있을 수 있으나 그런 과정에서 잃게 되는 자신감은 그 어떤 것으로도 보상되지 않는다.

결국 미진은 자신의 비현실적 부정성이 현실에서 실현되는 것을 직접 목격하게 된다. 실패할 거라고 믿었고 결국 실패했기 때문이다. 미진은 자신이 가졌던 비현실적 부정성이 옳았다고 생각할지도 모른다. 하지만 사실은 전혀 그렇지 않다. 자기 스스로가 '노력하지 않음'과 '포기함'으로 만들어 낸 실패일 뿐이다.

결국 현수도, 미진도 삶에서 성공할 수 없다. 생존 전략으로 비현실적 긍정성과 비현실적 부정성을 각각 취했지만, 현수와 미진 모두에게 처참한 결과를 불러왔다. 어차피 두 개의 전략은 모두 노력하지 않음으로 귀결되기 때문이다. 비현실적 긍정성이라는 이름으로 현실에 안주하며 노력하지 않게 되고, 비현실적 부정성이라는 이름으로 현실을 비관하며 노력하지 않게 된다.

◆ 현실적인 아이가
  공부를 잘하는 이유

결국 자기 자신을 현실보다 더 긍정적으로 보는 아이도, 자기 자신을 현실보다 더 부정적으로 보는 아이도 성공할 수 없다. 이런 전략이 성취동기를 향상시킬 수 있다고 믿으면 안 된다. 장점이든 단점이든 있는 그대로 인정하고 직시하는 아이들이 높은 성과를 얻는다. 잘하는 부분을 있는 그대로 인정하는 태도도 중요하지만, 부족한 점을 있는 그대로 인정하는 태도는 성공의 가장 중요한 조건이다. 그래야만 필요한 노력을 할 수 있기 때문이다.

하지만 안타깝게도 요즘 세상에서는 이런 태도를 찾아보기 힘들다. 긍정심리학에 매몰된 주위 사람들이 이런 태도를 가진 아이들과 어른들을 상대로 "너무 현실적인 것 아냐? 좋은 게 좋은 거지"라며 타박하거나 비난할지도 모른다. 하지만 연구 결과에서 논의했던 것처럼, 결국 성공하는 아이는 긍정적이든 부정적이든 자기의 현실과 능력을 있는 그대로 직시하는 경우다. 현실적 긍정성과 현실적 부정성이 성공의 필수 요소인 셈이다.

◆ 엄마가 "말도 안 되는 소리 하지 말고 공부나 해"라고 말하는 이유

아이가 긍정적이면 주위에서 칭찬이 쇄도한다. 긍정적인 아이의 엄마는 "애가 아주 긍정적이어서 좋으시겠어요!"라는 말을 계속 듣지만 정작 본인은 고민이 많다. 속 터지는 마음을 주위 사람들이 알 턱이 없다. 엄마는 자기 아이가 말만 긍정적이라는 것을 잘 알고 있기 때문이다. "엄마, 잘될 거야!", "엄마, 걱정 안 해도 돼!", "엄마, 내가 다 알아서 할 거니까 너무 걱정 안 해도 돼!" 이런 말이 무의미하다는 것을 엄마는 너무 잘 안다. 애가 말만 그렇게 하고 노력을 전혀 하지 않기 때문이다. 말의 10퍼센트만 행동으로 옮겨도 좋겠다는 게 엄마의 속마음이다.

시험이 다가올 때 보이는 반응에 따라 아이들을 두 부류로 나눌 수 있다. 첫 번째 부류의 아이들은 시험에 대한 긍정적인 기대치를 적극적으로 보인다. 시험을 잘 볼 거라고 믿고 자기의 믿음을 엄마에게 이야기한다. 한마디로 김칫국을 잘 마시는 아이들이다. "이번에는 모든 과목에서 X등급을 받을 수 있을 것 같아! 수학만 크게 망치지 않으면 엄청나게 잘 볼 것 같은데!"라고 이야기한다.

주위 사람들은 어떨지 몰라도 이 말을 곧이곧대로 들을 엄마는 없다. 이 말이 끝나기 무섭게 엄마는 "야, 말도 안 되는 소리 하지 말고 빨리 방에 들어가서 공부나 해. 시험이 며칠 남았다고 저러고 있는지 모르겠어. 애가 뭐가 되려고 저래. 빨리 안 들어가?"라고 역정을 낸다. 아이가 그런 긍정적인 기대치를 가질 만큼 충분히 노력하지 않는다는 것, 즉 비현실적 긍정성을 가졌다는 것을 엄마는 이미 알고 있기 때문이다.

좀 더 정확하게 표현하면 아이들이 공부를 열심히 하지 않는 게 아니고, 이런 태도가 아이들 스스로 노력하지 않게 하는 것이다. 이미 위 연구에서 논의한 것처럼 비현실적 긍정성은 본인도 모르게 자기를 안주하게하고 노력하지 않게 한다. 현실은 그렇지 않은데 잘될 거라고 믿고 있기때문이다. 그러니 어떻게 적절한 노력을 하겠는가?

그래서 비현실적 긍정성을 칭찬해서도 안 되고 부추겨서도 안 된다.충분한 준비가 되지 않은 아이에게 "야, 너무 걱정하지 마. 잘될 거야. 그정도 준비했으면 최선을 다한 거야"라고 말하면 안 된다. 얼핏 따뜻하고동기를 부여하는 말처럼 보이지만 실상은 전혀 그렇지 않다. 이런 말을들은 아이들은 열심히 공부하기보다 현실에 더 안주해 버린다.

◆ 엄마가 "그런 소리 할 시간에 공부하겠네"라고 말하는 이유

두 번째 부류의 아이들은 시험에 대한 부정적인 기대치를 적극적으로 보인다. 한국 아이들은 이 두 번째 부류에 더 많이 속한다. 걱정과 우려를마음에 품고 있으며 이번 시험에서 망칠 거라는 믿음을 강하게 가지고있다. 충분히 준비하지도 않았고 시험 날짜까지 시간이 별로 없다고 걱정이 태산이다. 모든 과목을 공부하기에는 시간이 너무 부족하다고 난리다. 엄청 스트레스를 받고 집중하지 못한다.

하지만 아이가 그렇게 시험 준비를 하지 않은 것도 아니다. 시험 날짜까지 시간이 많이 남아 있지 않은 것도 아니다. 지금부터 열심히 하면 충분히 잘할 수 있다. 그냥 아이가 너무 예민하게 부정적으로 생각할 뿐이다. 비현실적 부정성을 가지고 있는 경우다. 이런 상황을 전부 알고 있는 엄마는 "야, 쓸데없는 소리 그만하고 방에 들어가서 공부나 해! 나 같으면 그런 소리할 시간에 공부하겠다. 공부하기 싫으니까 별소리를 다 하네"라고 구박해 버린다. 엄마의 피드백이 아주 정확한 것이다.

하지만 이런 태도를 가지고 있는 아이들은 절대로 시험을 잘 볼 수 없다. 이런 비현실적 부정성이 강하면 자신감이 떨어질 수밖에 없고 시험 날짜가 다가오면 아이는 포기하고 싶은 생각이 커진다. 지금까지 잘 준비했고 하던 대로 계속 준비하면 되는데 이놈의 비현실적 부정성에 매몰된 아이들은 자신감을 빠르게 잃고 포기해 버린다. 이번 시험은 이미 망했고 다음 시험을 준비하는 게 더 낫겠다고 생각한다.

그래서 이런 태도를 보일 때 위로한답시고 아이의 태도에 공감해 주면 안 된다. 그러면 아이는 바로 포기할 명분을 얻는다. 이번 시험을 포기한다고 하거나 수시를 포기하고 정시를 준비하는 게 낫겠다고도 한다. 비현실적 부정성으로 정해진 시간에 모든 과목을 공부할 자신도 없고 시험을 잘 볼 자신도 없기 때문이다. 포기는 비현실적 부정성을 가진 아이가 찾을 수 있는 최고의 선택지다.

긍정적인 태도보다
부정적인 태도가 더 좋다고?

지금까지 비현실적 긍정성과 비현실적 부정성이 성적에 미치는 영향을 알아봤다. 하지만 이런 주장이 더 강력한 지지를 얻기 위해서는 장기적인 효과가 검증되어야 한다. '비현실적 자아상'의 부정적 효과가 단기간에만 머무른다면 그리 치명적이지 않을 수 있기 때문이다.

장기적인 효과를 검증하기 위해 나는 8,000명이 넘는 미국인 대학생과 아시아계 대학생을 실험 참여자로 모집했다. 특별히 1학년 1학기 때 '심리학 개론'을 수강한 학생들을 대상으로 비현실적 긍정성과 비현실적 부정성을 측정했다. 그런 뒤 이 비현실성이 학점에 미치는 효과를 장기적으로 검토했다.

50문제로 구성된 '심리학 개론' 중간고사를 치른 뒤 학생들은 "50문제 중 몇 문제를 맞힌 것 같나요?"라는 질문에 답했다. 이전 연구와 같은 방식으로 학생들의 실제 시험 성적과 학생들이 예상한 시험 성적과의 괴리를 조사했다. 그 괴리를 기초로 학생들을 세 그룹으로 분류했다. 첫 번째 그룹은 '실제 성적보다 자기 자신을 더 긍정적으로 평가'한 학생들이었고, 두 번째 그룹은 '실제 성적보다 자기 자신을 더 부정적으로 평가'

한 학생들이었다. 세 번째 그룹은 '실제 성적에 따라 자기 자신을 정확하게 평가'한 학생들이었다. 그리고 모든 학생의 학점을 1학년 1학기부터 4학년 2학기까지 추적했다. 이 연구를 통해 내가 알고 싶은 것은 각 그룹에 속한 학생들의 학점이 4년 동안 어떻게 변해가는가였다.

◆ 지나친 긍정과 부정에 빠진 아이들은
 시간이 갈수록 성적이 떨어진다

그래프를 보면 몇 가지 흥미로운 결과를 발견할 수 있다. 첫 번째 흥미로운 결과는 '자기 자신을 정확하게 평가하는 학생들'이 '자기 자신을 현실

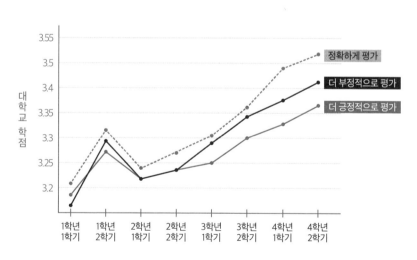

자기 실력 평가 성향과 학점의 관계

출처: Kim, Y-H., unpublished manuscript, 2024.

보다 더 부정적으로 평가하는 학생들'과 '자기 자신을 현실보다 더 긍정적으로 평가한 학생들'보다 단기적으로만 성적이 더 높았던 게 아니라 장기적으로도 성적이 더 높았다.

먼저 1학년 1학기 학점을 보면 점선으로 표시된 '자기 자신을 정확하게 평가하는 학생들'이 파란색으로 표시된 '자기 자신을 더 긍정적으로 평가하는 학생들'과 검은색으로 표시된 '자기 자신을 더 부정적으로 평가하는 학생들'보다 성적이 더 높았다. 그 후에도 학기마다 비슷한 경향을 보였고 마지막 4학년 2학기 때도 비슷한 성향을 보였다. 앞에서 논의했던 연구 결과를 정확하게 재현한 셈이다.

두 번째 흥미로운 결과는 1학년 1학기 때 보이던 세 그룹 간의 성적 차이가 시간이 갈수록 더 커진다는 점이다. 작게는 두 배에서 크게는 네 배까지 벌어지는 것을 확인할 수 있다. '자기 자신을 정확하게 평가하는 학생들'은 비현실적 긍정성과 비현실적 부정성을 가진 학생들보다 시간이 갈수록 학점이 더 높아졌다. 거꾸로 이야기하면 비현실적 긍정성과 비현실적 부정성을 가진 학생들은 현실적 긍정성과 현실적 부정성을 가진 학생들보다 시간이 갈수록 성적이 더 떨어졌다는 뜻이다.

이 결과가 의미하는 바는 무엇일까? 비현실적 긍정성을 가진 학생들은 나태함으로, 비현실적 부정성을 가진 학생들은 포기함으로 학업에 임하게 되는데, 이런 태도가 성적에 미치는 부정적 영향력은 시간이 갈수록 눈덩이처럼 커진다는 것을 의미한다. 4년 동안 이런 경향이 가속화된 것을 고려하면 수십 년의 삶 속에서 비현실적 긍정성과 비현실적 부정성이 어떤 실패와 고통을 초래할지 충분히 가늠할 수 있다.

◆ 지나친 긍정성을 가진 아이들이
   가장 큰 피해를 본다

마지막으로 무엇보다 흥미로운 결과는 '자기 자신을 더 부정적으로 평가하는 사람들'과 '자기 자신을 더 긍정적으로 평가하는 사람들' 간의 차이다. 시간이 갈수록 누가 더 낮은 성적을 받게 될까? 보통은 그래도 긍정적인 사람들이 부정적인 사람들보다 더 나은 결과를 얻을 거라고 생각한다. 그런데 그래프를 보면 단기적일 때와 장기적일 때의 결과가 달라진다는 사실을 알 수 있다. 1학년 1학기 때는 비현실적 긍정성을 가진 학생들이 비현실적 부정성을 가진 학생들보다 성적이 높지만 이런 경향은 1학년 2학기부터 바뀌기 시작한다. 그때부터 비현실적 긍정성을 가진 학생들이 비현실적 부정성을 가진 학생들보다 성적이 더 낮아진다. 학기가 진행될수록 그런 경향은 점점 더 커졌고, 4학년 2학기가 되어서는 비현실적 긍정성을 가진 학생들이 비현실적 부정성을 가진 학생들보다 성적이 압도적인 수준으로 낮아졌다.

비현실적 긍정성이 비현실적 부정성보다 더 나쁜 이유는 왜일까? 비현실적 긍정성을 가진 사람들은 노력 자체를 하지 않기 때문이다. 현실에 안주하고 만족해 버리기 때문에 노력해야 할 이유를 찾지 못한다. 더 잘하고 싶은 동기가 전혀 없는 것이다. 하지만 비현실적 부정성을 가진 학생들의 상황은 조금 다르다. 이 학생들의 주된 관심사는 불안한 미래를 막는 데 있다. 불안한 미래를 겪지 않으려는 마음에서 비현실적 부정성을 전략적으로 선택하는 것이다. 이런 마음은 비현실적 부정성과 두 가지 방향으로 연결되어 있다.

첫째는 최대한 부정적인 결과를 염두에 두면 나중에 받을 상처를 미리 대비할 수 있기 때문이다. 어찌 보면 상처받지 않으려고 미리부터 자기 자신을 현실보다 더 부정적으로 보는 심리적 몸부림이라고 할 수 있다. 둘째는 자기 자신을 현실보다 더 부정적으로 보면 이것이 동력이 되어 미래를 준비할 수 있기 때문이다. 혹시라도 나중에 생길 수 있는 부정적인 결과를 대비하기 위해 비현실적 부정성을 전략적 수단으로 선택하는 것이다. 준비가 충분하고, 실력이 충분하며, 능력이 충분하다 할지라도 자신의 상황과 현실을 의도적으로 현실보다 더 부정적으로 보는 것이다. 그래야만 더 열심히 할 수 있는 동기와 동력을 얻을 수 있기 때문이다. 궁극적인 목표는 더 열심히 노력해서 나쁜 결과를 막아보자는 속셈이다. 컵에 물이 '반밖에' 없다고 부정적으로 보는 이유는 상황을 현실보다 더 안 좋게 인식해야만 살아남기 위한 준비를 더 철저하게 할 수 있기 때문이다.

물론 이런 태도는 (지금까지 계속 강조했지만) 낙담과 포기를 끌어내고 결국에는 자신을 실패에 이르게 한다. 하지만 비현실적 긍정성에 비하면 노력에 대한 동기가 조금은 숨어 있다고 할 수 있다. 첫 번째 이유처럼 나중에 상처받지 않으려고 미리 부정적인 결과를 염두에 두는 과정에서 자신감을 잃어 결국 실패하기도 하지만, 두 번째 이유처럼 더 잘하고 싶은 동기가 있어서 일부러 자기 자신을 더 부정적으로 볼 때는 조금이라도 더 노력함으로써 긍정적인 결과를 얻을 수도 있다. 이런 이유로 비현실적 부정성이 성과 측면에서는 비현실적 긍정성보다 조금은 더 괜찮은 위치에 있다고 할 수 있다.

결론적으로 가장 큰 피해를 보는 집단은 역설적으로 비현실적 긍정성을 가진 사람들이다. 통념적으로 비현실적 긍정성이 비현실적 부정성에 비해 좀 더 좋은 위치에 있을 거라고 생각하지만, 사실은 전혀 그렇지 않다. 적어도 성과 면에서는 비현실적 부정성보다 비현실적 긍정성이 훨씬 더 나쁜 결과를 초래한다.

◆ 지나친 긍정성을 가진 아이를
    격려해 주어서는 안 된다

우리는 현실적 긍정성을 가진 사람들을 절대 긍정적이라고 부르지 않는다. 현실적 긍정성은 실력이 있을 때 실력이 있다고 말하고, 능력이 있을 때 능력이 있다고 말하는 것이며, 잘했을 때 잘했다고 스스로 말하는 것을 뜻한다. 이런 사람들을 우리는 긍정적이라고 부르지 않는다. 사실을 사실대로 말하기 때문이다. "저 사람 참 긍정적이다!"라고 할 때는 그 사람이 긍정적이지 않은 상황에서도 긍정적인 사고와 행동을 하는 경우다. 처한 현실과 환경에 맞지 않는 긍정성을 보이는 사람을 보면서 우리는 '긍정적인 사람'이라는 표현을 쓴다. 그래서 결국 비현실적 긍정성을 긍정성으로 표현하는 셈이다. 우리가 얼마나 비현실적 긍정성을 흠모하고 좋게 생각하는지를 보여주는 대목이다.

하지만 위의 연구 결과에서 논의했던 것처럼 비현실적 긍정성을 가진 아이들이 현실적 긍정성과 현실적 부정성을 가진 아이들보다 성적이 떨어지는 것은 두말할 것도 없고, 비현실적 부정성을 가진 아이들보다도 성적이 더 떨어진다는 것은 가히 충격적이기까지 하다. 대부분의 사람이 과도할지라도 긍정적인 사람을 좋아하기 때문이다. 우리가 얼마나 긍정 심리학에 매몰되어 있는지를 보여주는 부분이다.

자녀가 자기 자신을 과도하게 부정적으로 보면 부모들은 걱정이 많다. 동기도 부족하고 정서적으로도 항상 우울하기 때문이다. 그래서 어떤 방식으로든 도움을 주려고 노력한다. 최고의 지지와 사랑을 통해 돕기도 하고 전문 상담가를 찾아 도움을 구하기도 한다. 하지만 과도한 긍정성을 가진 자녀를 둔 부모들은 자녀에 대해 그렇게 많이 걱정하지 않는다. 그런 태도를 좋게 보기 때문이다. 그런 태도가 성공과 출세를 보장한다고 믿고, 그런 태도를 가져야 한다고 주문하기도 하고 강조하기도 한다. 심지어 험한 인생을 살아가는 데 가장 중요한 자질 중 하나라고 믿기도 한다.

하지만 성과 측면에서도 이런 믿음은 완전히 틀렸다. 실패를 겪을 수밖에 없고 시간이 지날수록 실패의 강도와 크기는 더 커지기 때문이다. 이런 태도는 빛 좋은 개살구이며, 알맹이가 전혀 없는 껍데기일 뿐이다. 아무런 노력도 하지 않고 안도하며 좋은 일이 일어나기만을 마냥 기다리는 사람일 뿐이다. 포로수용소에 갇혀 아무것도 하지 않은 채 그저 본국으로 돌아갈 꿈만 꾸던 병사들과 별반 다를 게 없다. 그들에게 남겨진 것은 구출이라는 성공이 아니라 죽음이라는 절대적 실패였다. 아무런 대책도 없고 노력도 하지 않았기 때문이다.

차라리 이런 태도보다는 비현실적 부정성이 더 나을 수 있다. 마음속 깊은 곳에 더 잘하고 싶은 마음과 동기가 조금이라도 숨어 있기 때문이다. 하지만 이런 비현실적 부정성도 현실적 부정성과 현실적 긍정성과 비교하면 아무런 의미가 없다. 어차피 실패의 톱니바퀴에 끼여 있다는 점에서는 비현실적 긍정성과 다르지 않기 때문이다. 우리 자녀가 비현실적 긍정성을 보일 때 좋아하며 격려해 주어서는 안 된다. 현실적 부정성처럼 부족한 부분을 알려주고 성장이 필요한 부분을 깨우쳐 주어야 한다. 물론 잘하는 부분은 잘한다고 꼭 알려주어야 한다.

◆ 문화 차이를 막론하고
   너무 긍정적인 아이는 성적이 낮다

지금까지 논의한 연구는 미국인 학생들이 대상이었다. 그래서 연구 결과가 한국인에게도 똑같이 적용될 수 있는지 검증이 필요했다. 나는 한국 사립 초등학교에 재학 중인 학생 337명을 실험 참여자로 모집했다. 실험에 참여한 학생들은 10문제로 구성된 시험을 치른 후에 "열 문제 중 몇 문제를 맞혔다고 생각하나요?"라는 질문에 답했다.

이전 연구와 같은 방식으로 학생들의 실제 시험 성적과 학생들이 보고한 시험 성적과의 괴리를 조사했다. 그런 뒤 그 괴리를 기초로 학생들을 세 그룹으로 나눴다. 첫 번째 그룹은 '실제 성적보다 자기 자신을 더 긍정적으로 평가'한 학생들이었고, 두 번째 그룹은 '실제 성적보다 자기 자신을 더 부정적으로 평가'한 학생들이었다. 세 번째 그룹은 '실제 성적에 맞춰 자기 자신을 정확하게 평가'한 학생들이었다.

가설 검증을 위해 괴리(각 학생이 예상한 성적에서 실제 성적을 뺀 값)를

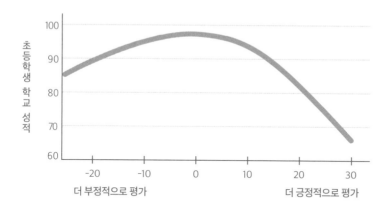

자기 실력 평가 성향과 학점의 관계

초등학생 학교 성적

100
90
80
70
60

-20 -10 0 10 20 30

더 부정적으로 평가   더 긍정적으로 평가

X축에 두고 학생들의 평소 학교 내신 성적을 Y축에 두었다. 비현실적 긍정성을 가진 학생, 비현실적 부정성을 가진 학생, 현실성을 가진 학생 중 누가 성적이 가장 높은지를 보기 위해서였다. 그래프를 보면 X축에서 0에 가까울수록 학생들의 학교 성적이 가장 높았는데, 이는 현실성을 가진 학생들의 성적이 가장 높았다는 것을 의미한다. 공부를 잘하기 위해서는 자기 자신을 현실적으로 보는 태도가 필요하다는 것을 알 수 있다. 한국 아이들이라고 해서 크게 다르지 않았다. 미국 학생들의 결과가 한국 아이들에게도 똑같게 재현되었다.

X축에서 0을 기준으로 오른쪽의 학생들, 즉 비현실적 긍정성을 가진 학생들은 + 숫자가 커질수록 성적이 급격하게 떨어지는 것을 확인할 수 있다. 자기 자신을 현실보다 더 긍정적으로 생각할수록 성적이 떨어졌는

데, 자만하고 안주하며 노력하지 않기 때문이다. 상당히 긍정적인 태도를 지닌 것처럼 보이지만 사실은 알맹이 없는 쭉정이이며, 어차피 노력하지 않을 것이기 때문에 멋진 척에 지나지 않는다.

X축에서 0을 기준으로 왼쪽의 학생들, 즉 비현실적 부정성을 가진 학생들 역시 - 숫자가 커질수록 성적이 떨어지는 것을 확인할 수 있다. 자기 자신을 현실보다 더 부정적으로 생각할수록 성적이 떨어졌는데, 쉽게 포기하기 때문이다. 이 학생들은 실력이 있는데도 불구하고 실력이 없다며 자기 자신을 과도하게 불신한다. 그렇기 때문에 할 수 있는 일도 쉽게 포기해 버린다.

이 연구 결과가 의미하는 것은 무엇일까? 문화를 불문하고 자기 자신을 현실적으로 직시하는 아이들이 공부를 제일 잘한다는 것을 뜻한다. 공부를 제일 잘하는 아이는 자기 자신을 현실보다 더 긍정적으로 보는 아이가 아니다. 그렇다고 더 부정적으로 보는 아이도 아니다. 자기 자신을 현실적으로 직시하는 아이가 공부를 제일 잘한다. 현실을 있는 그대로 직시해야만 적절한 준비와 노력을 하기 때문이다. 현실감 없는 긍정성과 부정성은 학업 성과에 아무런 도움이 되지 못한다. 오히려 더 나쁜 영향을 끼친다.

◆ 긍정이 우리를 배신하는 이유

옆에 있는 그래프의 패턴을 보면 다시 한번 깜짝 놀랄 수밖에 없다. 비현실적 긍정성을 가진 학생들의 성적이 비현실적 부정성을 가진 학생들의 성적보다 훨씬 더 급격하게 떨어지는 것을 확인할 수 있기 때문이다. 앞에서 살펴본 미국 대학생들의 4년 장기 추적 연구와 정확하게 일치하는 패턴이다. 비현실적 긍정성의 부정적 영향력이 범문화적으로 재현되었다고 볼 수 있다. 비현실적 부정성도 문제지만 미국이든 한국이든 비현실적 긍정성이 더 큰 문제라는 게 다시 한번 증명된 셈이다.

긍정의 배신이 아닐 수 없다. 우리가 범문화적으로 긍정을 외치고 강조하지만 적어도 학교 성적에서만큼은 절대로 좋은 영향력을 미치지 못한다. 오히려 훨씬 더 부정적인 영향력을 미친다. 비현실적 긍정성의 크기가 크면 클수록 학생들의 성적은 처참하게 떨어졌다. 괜찮아, 잘될 거야, 난 실력 있어, 시험을 잘 본 것 같아 이런 식의 표현이 현실을 대변하지 못하는 비현실적 긍정성이라면 문제가 심각하다는 뜻이다. 긍정적인 말이 말로만 그치지 않고 아이들의 행동에 직접적인 영향을 끼치기 때문이다. '노력하지 않고 안주함'으로 귀결되기 때문에 성적이 낮아지는 것이다.

'할 수 있다'는 말에 가려진 아이의 자존감

02

긍정의 시대를 살고 있는 아이들이 현실적 자아관을 유지하기란 쉬운 일이 아니다. 끊임없이 자신을 포장하며 좋은 모습을 보여야 한다는 압박감과 부담감이 크기 때문이다. 우리는 이런 자세를 가진 아이들이 정신적으로 건강할 거라고 믿는다. 하지만 결과는 정반대다. 자기 모습을 있는 그대로 인정하고 직시할 때 아이들은 가장 자유로운 존재가 되며 두려운 것도 없고, 숨길 것도 없는 상태에 이른다. 그런데도 계속 긍정이라는 무기로 자기 자신을 포장한다면 현실이라는 늑대가 아이를 집어삼키려고 달려들 것이다.

긍정적인 아이가
멘탈도 좋다는 생각은 착각이다

비현실적 긍정성과 비현실적 부정성이 성적에 나쁜 영향을 끼칠 수 있다는 나의 주장에 공감을 표하는 사람들이 많다. 그런데 과도하게 칭찬할 때와 마찬가지로 다음과 같은 질문을 하는 어머니들을 종종 보게 된다.

"교수님, 저는 우리 아이가 공부를 잘하면 좋겠지만 행복하게 지냈으면 더 좋겠어요. 교수님 말씀처럼 아이들이 비현실적 긍정성을 가지고 있으면 공부는 잘하지 못할 수 있을 것 같아요. 그런데 너무 현실적으로 생각하는 아이라면 행복하지 않을 것 같아요. 저는 우리 아이가 행복하게 살 수만 있다면 비현실적 긍정성이라도 괜찮을 것 같아요. 행복하게 사는 것보다 중요한 건 없으니까요. 그런 측면에서 보면 비현실적 긍정성을 가지고 있다는 건 축복 아닐까요?"

아주 훌륭한 질문이다. 이 질문은 하나의 가정을 기초로 한다. 비현실적 긍정성이 행복에 긍정적인 영향을 끼칠 수 있다는 생각이다. 자기 자신을 현실보다 더 긍정적으로 보면 현실을 있는 그대로 직시하는 것보다는 행복한 삶을 살 수 있지 않겠냐는 생각이다.

◆ 너무 긍정적인 아이들은 좌절과 낙담을 겪을 수밖에 없다

이런 믿음은 사실일까? 실력이 없는 아이가 실력이 있다고 긍정적으로 생각하면 정말 행복하기는 할까? 나는 이 가설을 검증하기 위해 앞에서 언급한 세 그룹의 학생들을 대상으로 우울증 정도를 검사해 보았다. 결과는 다음 그래프와 같다.

너무 긍정적인 아이와 부정적인 아이의 우울증 정도

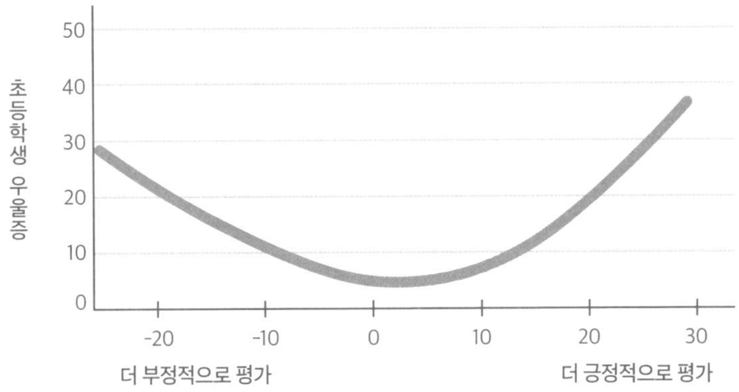

초등학생 우울증
50
40
30
20
10
0
-20
-10
0
10
20
30
더 부정적으로 평가
더 긍정적으로 평가

X축을 기준으로 오른쪽에 있는 비현실적 긍정성을 가진 아이들을 보자. 자기 자신을 현실보다 더 긍정적으로 보는 경향이 클수록, 즉 X축에서 + 숫자가 커질수록 아이들은 더 높은 우울증을 경험했다. 신기하지 않은가? 자기 자신을 현실보다 더 긍정적으로 보는데 어떻게 우울증 수

치가 더 높을 수 있단 말인가? 우울증 수치가 더 낮아야 하는 것 아닌가?

이유가 무엇일까? 현실이 비현실적 긍정성을 받쳐주지 않기 때문이다. 현실은 계속해서 비현실적 긍정성을 비난하고 공격하기 때문에 끊임없이 부딪힐 수밖에 없다. 공격은 아이들이 쓰러질 때까지 멈추지 않는다. 한두 번의 공격은 아이들도 참고 피할 수 있지만 공격이 계속되면 아이들은 낙담과 좌절을 맛볼 수밖에 없다. 본인이 가지고 있는 긍정성이 사실이 아닌 비현실적 긍정성이기 때문이다. 그래서 결국 높은 우울증을 경험하게 된다.

그러면 현실성을 가진 아이들은 어떨까? X축을 기준으로 0 근방에 있는 아이들을 살펴보자. 이 아이들의 우울증 수치는 세 그룹 중 가장 낮다. 자기 자신을 현실적으로 보는 아이들이 가장 행복하다는 뜻이다. 자기 자신을 너무 현실적으로 보면 우울할 수 있다는 믿음은 틀렸다. 역설적으로 현실적인 아이들이 가장 행복한 삶을 누린다. 행복은 비현실적 긍정성에서 오는 게 아니고 현실성에서 오기 때문이다.

다시 한번 상기하면 이 현실성 그룹은 현실적 긍정성과 현실적 부정성을 모두 포함한다. 열 개의 문제 중 아홉 개 맞았을 때 아홉 개 맞았다고 이야기하는 아이와(현실적 긍정성), 세 개 맞았을 때 세 개 맞았다고 이야기하는 아이를(현실적 부정성) 모두 포함한다. 두 경우 실제 시험 성적과 학생들이 보고한 시험 성적과의 괴리가 모두 0이기 때문이다.

이런 아이들의 우울증이 가장 낮다는 것은 무엇을 의미할까? 장점이든 혹은 단점이든 있는 모습 그대로 현실을 직시하는 아이들이 정신적으로 가장 건강하다는 뜻이다. 부정적인 상황을 부정적인 상황으로 인정하면 더 우울해지고, 부족한 점을 부족한 점으로 받아들이면 더 불행해질 거라고 생각하는 사람이 많다. 하지만 사실은 그렇지 않다. 장점이든 단점이든 현실을 그대로 직시하는 사람이 정신적으로 훨씬 더 건강하다. 현실에서 깨질 것도 부딪힐 것도 숨겨야 할 것도 회피해야 할 것도 없기 때문이다. 멘탈이 가장 강한 아이는 자기의 장단점을 있는 그대로 직시하는 아이들이다.

그러면 비현실적 부정성을 가진 아이들은 어떨까? X축에서 0을 기준으로 왼쪽에 있는 아이들을 살펴보자. 자기 자신을 현실보다 더 부정적으로 볼수록, 즉 – 숫자가 커질수록 우울증 수치가 높았다. 쉽게 이해할 수 있는 결과다. 자기 자신을 현실보다 훨씬 더 부정적으로 지각하고, 실력이 있는데도 실력이 없다고 믿는 아이들이 어떻게 행복할 수 있겠는가? 이런 아이들은 행복하기 어렵다. 스스로 자기에게 부정성이라는 족쇄를 채웠기 때문이다.

◆ 미국 학생들의
　 긍정성과 우울증 정도의 관계

미국인을 대상으로 실험을 진행했을 때도 같은 결과가 나왔다.[6] 실험에 참여한 95명의 미국 대학생들은 10개의 문제로 구성된 영어 시험을 치른 뒤 "열 문제 중 몇 문제를 정확히 맞혔다고 생각하나요?"라는 질문에 답했다. 위 실험과 같은 방식으로 학생들을 세 그룹으로 나눠 학생들의 우울증 정도를 측정했다.

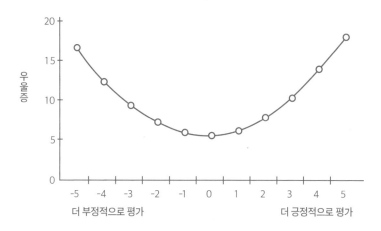

너무 긍정적인 미국 학생과 너무 부정적인 미국 학생의 우울증 정도

출처: Kim, Y-H., & Chiu, C-y. (2011)..

그래프를 보면 현실성을 가진 학생들, 즉 X축에서 0 가까이에 있는 학생들이 가장 낮은 우울증 수치를 보였다. 하지만 비현실적 긍정성을 가진 학생들, 즉 X축을 기준으로 오른쪽에 있는 아이들은 + 숫자가 커질수록 더 높은 우울증 수치를 보였다. 비현실적 부정성을 가진 학생들도 마찬가지로 - 숫자가 커질수록 더 높은 우울증 수치를 보였다. 결론적으로 한국인과 미국인 사이에 아무런 차이가 없었다. 가장 정신적으로 건강한 학생은 자기 자신을 현실에 맞게 지각하는 학생들이었다.

◆ 현실을 직시하는 아이가 정신력이 강하다

사람들은 무한 긍정으로 무장한 아이들이 정신적으로 가장 강할 거라고 믿는다. 하지만 그것은 완벽한 허구다. 오히려 비현실적 긍정으로 무장한 아이들이 정신적으로 가장 취약하다. 언제 깨질지 모르는 유리 같은 정신력을 소유하고 있기 때문이다.

그렇다면 어떤 아이들이 강한 정신력을 소유하고 있을까? 장점을 있는 그대로 인정하는 아이, 단점을 있는 그대로 시인하는 아이, 공부에 재능이 있으면 재능이 있다고 말할 수 있는 아이, 공부에 재능이 없으면 재능이 없다고 말할 수 있는 아이다. 이런 아이들은 현실과 싸울 필요가 없다. 현실적 자아상을 가지고 있기 때문이다.

비현실적 긍정성을 유지하려는 아이들의 마음은 분주하다. 괜찮은 사람으로 보이기 위해 자신의 약점을 최대한 숨기고 대신 좋은 걸로 포장해야 한다. 혹시라도 들통나지 않을까 긴장해야 한다. 애써 포장해 놓은 긍정적 자아상이 깨져버릴 수 있기 때문이다. 현실에 근거하지 않은 비현실적 긍정성을 유지하기 위해서는 끊임없이 핑곗거리가 필요하고, 화제 전환도 필요하다. 아이들뿐만 아니라 어른들에게도 그대로 적용된다. 학벌, 경제적 지위, 외모, 사회적 지위, 집안 환경에 부족한 점이 있다면 필사적으로 숨기려 한다.

이런 과정에서 사람들은 점점 더 지쳐가고 정신건강을 잃는다. 비현실적 긍정성을 유지하기 위해 사투를 벌이는 셈이니 어찌 정신적으로 취약하지 않을 수 있겠는가. 이들은 공부에 재능이 없는 것도, 예쁘거나 잘생기지 않은 것도, 가난한 것도, 좋은 직장에 다니지 않는 것도 포장하고 숨겨야 한다. 하지만 포장하면 포장할수록, 숨기면 숨길수록 스스로 만든 족쇄에 묶여 삶이 더 힘들고 비참해진다.

이와 다르게 현실적 긍정성과 현실적 부정성을 가진 사람들은 자기의 장점과 단점을 그대로 인정하기 때문에 우울증의 정도가 낮으며, 정신적으로 가장 강하다. 단점과 부족한 점을 인정한다고 우울증이 높아지고 정신적으로 힘들어지는 게 절대 아니다. 오히려 단점과 부족한 점을 숨기고 긍정적으로 자기 자신을 포장하려 애쓸수록 높은 우울증을 겪는다.

그러나 긍정의 시대를 살고 있는 아이들이 현실적 자아관을 유지하기란 쉬운 일이 아니다. 끊임없이 자신을 포장하며 좋은 모습을 보여야 한다는 압박감과 부담감이 크기 때문이다. 우리는 이런 자세를 가진 아이들이 정신적으로 건강할 거라고 믿는다. 하지만 결과는 정반대다. 자기 모습을 있는 그대로 인정하고 직시할 때 아이들은 가장 자유로운 존재가 되며 두려운 것도 없고, 숨길 것도 없는 상태에 이른다. 그런데도 계속 긍정이라는 무기로 자기 자신을 포장한다면 현실이라는 늑대가 아이를 집어삼키려고 달려들 것이다.

자신을 그대로 비추는
'투명 안경'이 필요하다

소크라테스가 남긴 수많은 명언 중 가장 유명한 말은 '너 자신을 알라'이다. 2,500년 전의 소크라테스가 한 이 이야기는 긍정의 시대를 사는 우리에게 다소 생소하게 들릴 수 있다. 하지만 그의 말은 사실이다. 그는 자기 자신을 정확하게 인식하는 게 지혜의 기초임을 강조했고, 특히 자신의 부족한 점을 인식하는 게 중요하다고 주장했다. 하지만 그의 주장과 상관없이 긍정심리학에 대한 담론이 쏟아져 나왔고, 2000년대 초반에 이르자 긍정적 사고 능력을 주장하는 책들이 출판되기 시작했다. 학계에서도 긍정적 사고의 힘을 지지하는 논문이 쏟아져 나왔다. 연구 결과의 핵심은 비현실적이라 할지라도 긍정적 자아관은 성과와 정신건강에 유익을 끼친다는 주장이었다.

◆ 자기 잘난 맛에 사는 사람들

긍정심리학의 중심에는 미국 캘리포니아대학교 로스앤젤레스 캠퍼스의 셸리 테일러 Shelley Taylor 교수가 있다. 그가 1988년도에 《심리학회보

《*Psychological Bulletin*》에 게재한 한 논문이 계기가 되었는데, 그 논문은 지금까지 1만 3,000번 이상 인용될 만큼 저명하고 영향력이 있다.

테일러 교수가 논문에서 주장한 내용은 두 가지다. 첫 번째 주장은 대부분의 사람은 비현실적인 긍정적 자아상을 가지고 있다는 것이다. 이런 사고를 그는 환상^{illusion}이라고도 불렀다. 다른 말로 하면 사람들이 자기 자신을 비현실적 긍정 태도로 평가하는 것은 지극히 정상적이라는 주장이다. 두 번째 주장은 이런 비현실적 긍정성을 가진 사람들은 더 좋은 정신건강을 누린다는 것이다. 그가 제시한 증거는 비현실적이라 할지라도 긍정적인 자아관을 가지고 있는 사람들이 더 행복한 삶을 살고, 일도 더 잘한다는 것이었다. 하물며 다른 사람을 더 잘 보살핀다는 연구 결과도 증거 자료로 제시했다. 이런 결과를 토대로 테일러 교수가 암묵적으로 주장하고 싶었던 것은 "사람들이 자기 자신에 대해 환상에 가까운 긍정적 자아상을 갖는 것은 그런 자아상이 삶에 도움이 되기 때문이다"라는 것이다. 즉, 그런 태도를 가지고 있어야 행복하게 살 수 있고 삶에서도 성공할 수 있다는 주장이다.

어떤 면에서는 상당히 설득력 있는 주장처럼 보인다. 주위를 둘러보면 동서양을 막론하고 잘난 척하는 사람들이 아주 많으나 자기 자신을 현실적으로 직시하는 사람은 별로 없는 것처럼 보인다. 대부분의 사람은 자기 자신을 최대한 좋게 보려 하고, 남들에게도 최대한 좋은 모습으로 포장하려 애쓴다. '저 잘난 맛에 산다'라는 말이 있을 정도로 남들이 민망해하거나 부담스러울 정도로 자기 자신을 좋게 평가하는 사람도 많다. '우리가 우리 자신을 좋게 보지 않으면 누가 우리를 좋게 보겠는가?'

하는 마음으로 자기 자신을 긍정적으로 보려는 것이다. 그래야만 테일러 교수가 주장한 것처럼 이 험난한 세상에서 잘 버티고 잘 살 수 있다고 믿기 때문이다.

◆ 많은 사람이 자기 환상을 가지고 있다

테일러 교수의 첫 번째 주장은 학계에서도 강력한 지지를 받는다. 수많은 연구 결과가 그의 주장을 지지한다. 가장 대표적인 연구 결과 중 하나는 미국 고등학교 3학년 82만 9,000명을 대상으로 한 연구다.[7] 1977년도에 비영리 교육단체인 미국 칼리지 보드 College Board에서 진행한 연구로 학생들에게 열네 가지 분야에서 자기의 실력이 평균적인 학생들과 비교했을 때 더 높은지 혹은 낮은지 평가하도록 했다. 그중 한 분야는 '친구들과 잘 지내는 능력'이었다. 82만 9,000명의 학생 중 몇 퍼센트가 자기 자신을 평균 이하라고 답했을까?

모든 학생이 진실하게 이 질문에 답했다면 50퍼센트의 학생들이 평균 이하라고 답해야 하고, 나머지 50퍼센트의 학생들은 평균 이상이라고 답해야 한다. 그게 평균의 의미이기 때문이다. 그런데 놀랍게도 전체 학생 중 단 1퍼센트도 자기 자신을 평균 이하라고 답하지 않았다. 99퍼센트 이상의 학생들이 자기가 평균 이상이라고 답했고, 60퍼센트의 학생들은 자기가 상위 10퍼센트에 속한다고 답했으며, 25퍼센트의 학생들은 자기가 상위 1퍼센트에 속한다고 답했다. 이 정도 수준이면 미국 고등학생들이 '자기 환상'에 취해 있거나, 아니면 '평균'이 무슨 말인지 전혀 이해하지 못한다고 볼 수밖에 없다.

　고등학생에게만 이런 현상이 일어나는 것은 아니다. 한 연구에서는 성인을 대상으로 운전 실력이 보통 사람에 비해 어떠한지 물었는데, 93퍼센트의 응답자가 자기의 운전 실력이 보통 이상이라고 답했다.[8] 또 한 연구에서는 5,367명의 신혼부부에게 이혼하거나 별거할 확률이 얼마나 될 거라고 예상하는지 물었다. 연구가 진행될 당시 미국의 이혼율은 거의 50퍼센트에 달했다. 하지만 신기하게도 90퍼센트의 응답자들은 본인이 이혼하거나 별거할 확률이 평균 이하라고 답했다.[9] 그러면 대학교수는 다를까? 전혀 다르지 않다. 한 연구에 의하면 94퍼센트 이상의 교수들은 자기의 강의 능력이 보통보다 뛰어나다고 응답했다.[10] 절대 사실일 수 없는 응답이다. 어떻게 94퍼센트의 교수들이 보통 이상의 강의 실력을 갖출 수 있겠는가? 50퍼센트에서만 사실일 수 있는 응답이다. 이런 연구 결과의 핵심은 대부분의 사람이 자기 자신을 다른 사람과 비교했을 때 보통 이상의 능력과 재능을 가지고 있다고 믿는다는 것이다. 많은 사람이 자기 환상에 취해 있는 것은 사실이다.

◆ 겸손한 동양 문화권에서
　자기 환상이 나타나는 모습

이런 자기 환상 경향에도 문화 차이가 있을까? 브리티시컬럼비아대학교 심리학과 스티븐 하이네Steven Heine 교수는 1999년에 발표한 논문에서 동양 사람은 이런 경향을 보이지 않는다고 주장했다.[11] 지금까지 3,500번

이상 인용될 정도로 문화심리학에서는 저명한 논문 중 하나다. 그는 설문 조사를 통해 동양 사람의 50퍼센트는 자기 자신을 보통 사람보다 더 높게 평가하고, 나머지 50퍼센트는 자기 자신을 보통 사람보다 더 낮게 평가한다는 연구 결과를 제시했다. 이 연구 결과를 기초로 하이네 교수는 동양 사람들은 자기 자신을 객관적이고 현실적으로 평가한다고 주장했다. 하지만 하이네 교수의 이런 주장은 학계에서 엄청난 비판을 받았다. 동양 사람들 역시 서양 사람 못지않게 자기 자신을 실제보다 더 긍정적으로 평가한다는 주장이 많았기 때문이다.

나 역시 그런 학자 중 한 명이었다. 하이네 교수의 주장을 반박하기 위해 나는 재미있는 실험을 몇 개 진행하고, 그 결과를 2010년도에 논문으로 출판했다.[12] 실험에 참여한 미국 대학생들과 동양 대학생들은 두 가지 실험 조건에 무작위로 배정되었다. 첫 번째 조건에서는 "본인이 얼마나 똑똑하다고 생각하나요?"라고 질문했고, 두 번째 조건에서는 "본인이 얼마나 멍청하다고 생각하나요?"라고 물었다.

예상한 것처럼 첫 번째 조건에서 미국 학생들은 자기 자신을 아주 똑똑하다고 답했고, 동양 학생들은 그런 경향을 보이지 않았다. 하이네 교수의 주장이 맞는 것처럼 보였다. 하지만 두 번째 조건에서는 다른 패턴이 발견되었다. 미국 학생들은 "본인이 얼마나 멍청하다고 생각하나요?"라는 질문에 "전혀 멍청하지 않다"라고 답했다. 예상한 결과였다. 하지만 흥미로운 점은 동양 학생들의 답변이었다. 이 질문에 동양 학생들 역시 미국 학생들과 똑같이 "전혀 멍청하지 않다"라고 답한 것이다. 동양 학생들은 똑똑하냐고 물으면 "그렇다"라고 답하지 않았지만, 신기하게도 멍청하냐고 물으면 "전혀 그렇지 않다"라고 강하게 부정했다.

　이유는 간단하다. 동양 학생들도 미국 학생들처럼 똑똑하냐는 질문에 똑똑하다고 답하고 싶었지만, 겸손이 강조되는 사회에서 그렇게 답할 수 없었기 때문이다. 만약에 그렇게 답했다면 잘난 척한다는 소리를 듣기 때문이다. 그러나 '절대 멍청하지 않아요!'라는 말은 동양 학생들에게 부담스러운 말이 아니다. 겸손을 강조하는 사회적 규범에 크게 어긋난다고 판단하지 않기 때문이다. 그래서 동양 사람들은 '절대 멍청하지 않아요!'라는 답변을 통해 자기 환상을 우회적으로 표현한 것이다. 이 실험 결과는 동양 사람들도 서양 사람들처럼 비현실적으로 긍정적인 자아상을 가지고 있다는 것을 의미한다.

◆ 긍정적 환상이 성적과
　정신건강에 미치는 영향

테일러 교수의 첫 번째 주장은 문화를 막론하고 맞는 말이다. 사람들 대부분은 비현실적이라 할지라도 자기 자신을 긍정적으로 보려고 노력한다. 하지만 이런 태도가 성과와 정신건강에 유익한 영향을 미치는지에 대해서는 학계에서도 논란이 있다. 테일러 교수의 논문이 일반인들 사이에서 엄청난 지지를 얻으며 긍정심리학이라는 이름으로 명성을 크게 떨칠 때도, 학계에서는 반론과 비판이 차고 넘쳤다. 많은 학자들이 비현실적인 긍정적 자아상이 성과와 정신건강에 악영향을 끼친다는 연구 결과들을 내놓으며 테일러 교수를 비판했다. 테일러 교수가 인용한 연구 결과들은 방법론적으로 치명적인 문제가 있다는 사실도 논란이 되었다.

2010년쯤에 열린 대규모 학회에서는 테일러 교수의 주장에 반대하는 학자들이 심포지엄 세션을 따로 열기도 했다. 그 심포지엄에 참여한 모든 학자는 순서대로 테일러 교수의 주장을 연구 결과와 함께 강하게 반박했다. 아직도 기억나는 발표 제목과 내용은 "모든 연구 결과는 20년 후에 거짓으로 밝혀진다", "테일러와 브라운은 이제 죽었다"이다. 테일러 교수가 1988년도에 논문을 발표했고 2010년에 관련 학회가 열렸으니 '모든 연구 결과는 20년 후에 거짓으로 밝혀진다'라는 말이 맞아버린 셈이다.

어쨌든 수많은 연구 결과를 살펴보면 비현실적 긍정성은 우리 삶에 도움이 안 되는 게 분명하다. 단기적으로 우리의 기분을 좋게 할지는 모르겠으나 현실에서 그런 기분이 오랫동안 살아남을 수 있을지는 의문이다. 진실이 아니고 거짓이기 때문이다. 가짜의 믿음은 우리의 삶을 망가트릴 수밖에 없다. 비현실적 긍정이라는 가짜의 믿음이 우리를 잘못된 방향으로 인도하기 때문이다. 결론적으로 소크라테스의 말이 맞았다.

◆ 아이는 '투명 안경'을 써야 한다

아이들은 다양한 안경을 끼고 살아간다. 장밋빛 안경을 쓰기도 하고 잿빛 안경을 쓰기도 하며 투명 안경을 쓰기도 한다. 장밋빛 안경을 쓴 아이들은 자신과 세상을 최대한 긍정적으로 보려고 노력한다. 온통 장밋빛으로 자신과 세상을 물들인다. 장밋빛 안경을 통해 보는 세상은 밝고 아름답다. 지금 당장은 아니더라도 조금만 기다리면 아름답고 멋진 세상이 열릴 거라고 믿는다. 최대한 긍정적인 태도로 살아가는 게 행복의 지름길이라 믿으면 장밋빛 안경을 쓰지 않을 이유가 없다. 세상이 바뀌지 않는다면 더더욱 장밋빛 안경이 필요하다. 어차피 본인이 할 수 있는 게 별로 없다면 장밋빛 안경이라도 쓰는 게 심리적으로도 더 유리하다고 생각한다. 쓸데없는 걱정과 우려로 하루하루를 보내는 것은 무의미한 일이며, 시간 낭비이고 허무한 일이라고 믿는다.

하지만 이런 믿음이 현실에서 실현되기는 어렵다. 믿음은 믿음일 뿐이다. 지금까지 수많은 연구 결과를 토대로 논의해 온 것처럼 현실에서 장밋빛 안경을 쓴 아이들이 성공하기는 상당히 어려운 일이다. 그것은 불가능에 가깝다. 그렇다고 행복한 것도 아니다. 장밋빛 안경을 쓰고 행복하게 살아가기는 더욱 어렵다. 장밋빛 안경 너머로 보이는 자신과 세상은 현실이 아니기 때문이다. 현실을 망각한 채로 살아가는 게 어떻게 성공과 행복에 도움이 되겠는가? 잠시의 고통을 잊어보려는 수준 낮은 회피일 뿐이다. 장밋빛 안경의 더 치명적인 문제는 그것이 노력의 부재로 연결된다는 점이다. 성공과 행복을 위한 노력과 발돋움은 어디서도 찾아볼 수 없다. 기다리면 누군가가 공짜로 성공과 행복을 가져다줄 거라고 생각한다. 하지만 그런 아이들에게 주어지는 선물은 실패와 불행뿐이다. 현실을 있는 그대로 직시하지 않고 비겁하게 피했기 때문이다.

잿빛 안경을 쓴 아이들은 세상과 자신을 최대한 부정적으로 보려고 노력한다. 자신과 세상을 온통 잿빛으로 물들인다. 이 안경을 통해 보는 세상은 우울하고 참담하다. 이 안경을 쓴 사람들의 일상은 불안과 걱정으로 가득 차 있다. 본인에 대한 태도도 상당히 (현실보다 더) 부정적이다. 이는 겸손과는 전혀 다른 태도다. 하는 일마다 잘 안 될 거라고 믿고, 시험을 보면 모두 떨어질 거라고 생각한다. 자신감이 없어서 매사 다른 사람의 인정과 확인이 필요하다.

이런 아이들은 의도적으로 자기 자신을 더 부정적으로 보는 게 미래를 위해 낫다고 생각한다. 나중에 닥치게 될 실패와 어려움으로부터 마음을 보호할 수 있기 때문이다. 최악의 상황을 미리 생각하며 행동하는 게 지혜로운 전략이라고 믿는다. 세상을 바라보는 태도도 마찬가지다. 세상에 무슨 희망이 있겠냐며 비관적인 태도를 보인다. 세상은 우울하고 불공정한 일들로 가득 차 있다고 믿는다. 이런 태도를 가진 아이들에게서 어떻게 성공과 행복을 기대할 수 있겠는가? 스스로 무덤을 파는 행위라는 것을 그 아이들은 절대 모를 것이다. 그들에게 닥칠 실패와 불행을 자기 스스로 만들었다는 것을. 시도조차 하지 않고 뒤로 물러서는 자들은 스스로 실패와 불행을 창조할 수밖에 없다.

하지만 세상에는 투명 안경을 쓰고 사는 아이들도 있다. 이 아이들은 자신과 세상을 있는 그대로 본다. 장밋빛으로 보지도 않고, 잿빛으로 보지도 않는다. 긍정의 시대를 사는 우리에게는 살짝 인간미가 없어 보이기도 하고, '그렇게 살면 더 불행하지 않을까?' 하는 생각조차 든다. 그러나 이런 아이들은 자기 자신을 정확하게 인식한다. 장점은 장점으로 인식하고 단점은 단점으로 인식하며, 공개적으로 자신의 부족한 점과 약점을 인정하는 것에 주저함이 없다.

결국 성공을 움켜쥐는 아이들은 투명 안경을 쓰고 살아가는 아이들이다. 현실을 있는 그대로 인정할 때 성공에 필요한 노력과 준비를 할 수 있기 때문이다. '현실적인 자아로 성공했지만, 현실적인 자아로 인해 불행하지 않을까?'라고 생각할 수 있다. 하지만 행복 역시 이런 아이들의 전리품이다. 정신건강이 가장 좋은 아이들이기 때문이다.

아이들에게 장밋빛 안경을 선물해서도 안 되고 잿빛 안경을 추천해서도 안 된다. 그것은 선물이 아니고 독이다. 우리 아이들에게 필요한 것은 투명 안경이다. 그래야 이 험한 세상에서 성공적이고 건강한 삶을 탄탄하게 살아낼 수 있다.

'걱정하지 말라'는 말은
도움이 되지 않는다

한 명의 암 환자가 있다고 상상해 보자. 그 환자가 항암치료, 식이요법, 규칙적인 운동, 약 복용을 잘했을 때 5년 후 생존율이 50퍼센트라고 가정해 보자. 이 환자를 담당하는 의사가 각각 다음과 같이 이야기했다고 가정해 보자. 첫 번째 의사가 환자에게 "너무 걱정하지 마세요. 별것 아니에요. 수술하시고 약만 잘 드시면 건강하게 오래 사실 수 있어요"라고 말한다. 두 번째 의사는 "아주 위험한 병에 걸리셨어요. 수술해도 살 확률이 아주 낮아요. 혹시 수술 결과가 좋아도 2~3개월 후에는 돌아가실 수 있어요"라고 말한다. 세 번째 의사는 "항암치료와 식이요법, 규칙적인 운동, 약 복용을 잘하시면 5년 생존율이 50퍼센트 정도 됩니다"라고 말한다.

세 명의 의사는 모두 환자가 회복되기를 진심으로 원한다. 하지만 이들의 표현 방식은 매우 달랐다. 첫 번째 의사는 환자의 상태를 현실보다 좀 더 긍정적으로 이야기해 주면 환자에게 도움이 될 거라고 믿었다. 너무 걱정하면 더 큰 문제가 될 수 있을 거라고 생각해 환자의 상태를 최대한 좋게 이야기했다. 선의의 거짓말이긴 해도 환자를 위하는 마음은 진심이다. 이는 비현실적 긍정성을 대표하는 태도다.

두 번째 의사 역시 환자를 위하는 마음은 진심이다. 하지만 환자에게 사태의 심각성을 자각시켜 주고 싶었다. 그래서 현실보다 좀 더 부정적으로 과장해서 정보를 전달했다. 이런 방식으로 정보를 전달하면 환자가 더 열심히 항암치료, 식이요법, 규칙적인 운동, 약 복용에 최선을 다할 거라고 믿었다. 이는 비현실적 부정성을 대표하는 태도다. 좀 더 과장해서 정보를 부정적으로 전달하는 게 환자에게 도움이 될 거라고 믿은 것이다.

세 번째 의사는 가감 없이 있는 사실과 상태 그대로를 환자에게 전달했다. 개인적인 감정이나 동기도 전혀 덧붙이지 않았다. 이는 현실성을 대표하는 태도다.

◆ 비현실적인 긍정과 부정은
　위험할 수 있다

어떤 의사를 만난 환자가 치료에 가장 적극적일까? 당신이라면 어떤 정보를 들었을 때 치료에 대한 동기가 가장 높이 올라갈 것 같은가? 당연히 세 번째 의사에게 정보를 들은 환자가 치료에 가장 적극적일 것이다. 현실성이 동기와 성과를 높이기 때문이다. 아마도 이런 현실적 정보를 들은 환자들은 누가 시키지 않아도 최선의 노력을 다해 식이요법과 운동에 임할 것이다. 최선을 다해도 5년 생존율이 50퍼센트라고 하니 더더욱 그럴 것이다. 현실적인 정보가 정확하게 전달되었을 때 사람들은 최선의 노력을 다하게 된다. 현실성 있는 정보가 전달되어야만 적절하고 필요한 노력과 준비가 이뤄질 수 있기 때문이다.

첫 번째 의사에게 정보를 들은 환자는 어떤 태도로 치료에 응할까? 의사의 바람처럼 적극적으로 치료에 임할까? 그렇지 않다. 아마도 항암치료가 끝나면 바로 친구들을 만나 술을 마실지도 모른다. 의사가 괜찮을 거라고, 별문제 없이 오래 살 수 있을 거라고 이야기했기 때문이다. 의사가 이러한 비현실적인 긍정성을 취한다면 환자에게 좋은 영향을 끼칠 수 없다. 환자는 현 상태에 만족해 식이요법과 운동을 게을리할 게 분명하고, 건강 상태는 점점 안 좋아져 시간이 지나면 다시 병원에 입원할 가능성이 크다. 비현실적인 긍정성은 장기적으로 더 큰 실패와 아픔을 불러올 수밖에 없다. 필요한 노력과 준비를 게을리하기 때문이다. 장밋빛 안경으로 자신의 상태를 바라보는데 어떻게 적절한 준비와 노력을 하겠는가? 그런 일은 절대 일어나지 않는다.

두 번째 의사에게 정보를 들은 환자는 어떻게 될까? 의사의 바람처럼 긴장하며 치료에 최선을 다할까? 전혀 그렇지 않다. 앞의 수많은 연구 결과처럼 이런 환자는 바로 치료를 포기해 버린다. 수술에 성공해도 2~3개월밖에 못 산다는데 치료가 무슨 의미가 있겠는가? 인생을 정리하는 게 훨씬 더 합리적이고 지혜로운 길이라고 생각할 것이다. 이 환자는 밥맛을 잃고 운동할 생각도 하지 못하고 치료도 무의미하게 여긴다. 곧 죽을 거라고 생각하기 때문이다. 이런 태도는 건강한 사람도 한순간에 죽음의 길로 인도할 수 있다. 스스로 최악의 상황을 불러오는 태도다. 자신의 상태를 정확하게 인식해야만 적절한 준비와 노력을 할 수 있는데 이 상황에서는 아무것도 할 수 없다.

자기 자신을 현실보다 더 긍정적으로 보는 것도 옳지 않고, 현실보다 더 부정적으로 보는 것도 옳지 않다. 현실을 있는 그대로 직시하고 인정하는 게 모든 면에서 훨씬 더 유익하다.

◆ 긍정의 매력에
   아이들을 맡겨서는 안 된다

우리 아이들은 비현실적인 긍정의 속삭임에 절대 속으면 안 된다. 순간적으로 달콤하게 들릴 수 있지만 그것은 마약과 같은 역할을 할 뿐이다. 순간의 고비를 넘길 수 있을지 모르지만 그 달콤함의 순간은 우리 아이들을 영원히 무너트릴 수 있다는 사실을 명심해야 한다. 현실이 어려우면 어려울수록 긍정의 속삭임은 더욱 달콤하게 들린다. 역설적으로 할 수 있는 게 없다고 판단하면 더욱더 긍정적이기가 쉽다.

그러나 현실이 어려우면 어려울수록 더 냉철하게 세상을 바라봐야 한다. 그래야만 위기를 극복할 수 있는 방법을 찾을 수 있다. '성공하는 사람은 자기 자신을 최대한 긍정적으로 보는 사람'이라는 말로 아이들을 유혹해서는 안 된다. 할 수 있다는 믿음만으로 모든 일을 할 수 있는 것은 아니다. 그런 세상은 존재하지 않는다. 필요한 능력과 자질을 갖춰야 성공할 수 있다. 그러니 무조건 긍정적인 아이로 키우려고 해서도 안 된다. 그것은 아이에게 실패와 불행을 선물하는 것이다.

정신력이 강한 아이는 자기 자신을 최대한 긍정적으로 보는 아이가 아니다. 오히려 그런 아이는 가장 극적인 순간에 처절하게 무너질 위험이 크다. 자신의 부족함까지 모두 인정하고 받아들이는 아이가 가장 정신력이 강한 아이다. 그런 아이가 자유로운 행복을 맞이할 수 있다. 비현실적인 긍정성을 가진 아이는 항상 긴장해야 한다. 현실에 부딪힐 때마다 두려워하며 떨어야 한다. 자기가 자기의 모습을 제일 잘 알고 있기 때문이다. 비현실적인 긍정성을 지키기 위해 평생을 도망 다니며 숨어 지내야 할지도 모른다. 좋은 것이든, 나쁜 것이든, 강한 것이든, 약한 것이든, 장점이든, 약점이든 있는 그대로 수용하는 아이가 가장 강하고 아름답다.

PART
3

아이를
성장시키는
올바른
보상의 기술

10

잘하면 상을 준다는
교육 원칙의
재해석

01

초등학교 입학 전에는 책 읽기를 좋아했다는 아이들이 많다. 수학을 좋아했다는 아이들도 있다. 과학을 좋아했다는 아이들도 많다. 하지만 신기하게도 시간이 지나면 좋아하던 과목을 모두 싫어하게 된다. 보상을 위해, 대학교 입학을 위해 공부한다고 생각하기 때문이다. 보상이 생기는 순간 이런 추론은 피하기 어렵다. 이전까지 공부를 좋아했다 하더라도 보상이 주어지면 아이들은 그것 때문에 공부한다고 지각할 수밖에 없다. 그 순간 공부는 하기 싫은 일이 되어버린다.

보상은 아이의
즐거움을 빼앗는다

"농구장에 들어설 때마다 농구 경기의 결과가 내 미래에 끼칠 영향을 계산하기 시작했다. 돈과 명성에 관한 생각들이 내 머릿속을 파고들었다. 농구 게임은 내게 비즈니스로 변해가고 있었다. 먹고 살기 위해 농구를 한다는 생각이 들었다. 그때마다 농구가 내게 주던 마법과 같은 즐거움은 사라지고 있었다."

미국 최고의 프로 농구 선수였던 빌 러셀이 은퇴 후에 한 이야기다. 빌 러셀은 NBA에서 최다 우승 기록을 가진 흑인 농구 선수다. 그는 13년 간 보스턴 셀틱스에서 프로선수 생활을 하면서 무려 열한 번의 NBA 우승을 차지했다. 딱 두 번의 우승만을 놓친 셈이다. 마이클 조던이 여섯 번 우승했던 것을 고려하면 어마어마한 기록이다.

수많은 팬이 그를 존경하고 사랑하는 또 하나의 이유는 그가 인종차별이 극심한 시대를 살아온 흑인이라는 점이다. 흑인으로서 NBA에 입성하는 것조차 힘들었던 시대에 최고의 NBA 프로선수가 되었을 뿐만 아니라 최초의 흑인 프로 농구 감독이 되었기 때문이다. 그의 유년 시절이 유복했던 것은 아니다. 다른 흑인 가정처럼 혹독한 가난과 인종차별로 어려운 생활을 해왔다. 열두 살 때 어머니가 세상을 떠났고 아버지는 아파트 경비로 일하며 생활고에 시달렸다.

그런 생활 속에서도 그가 삶의 희망을 놓지 않은 이유는 농구 덕이다. 농구에 대한 재능도 있었지만 그를 지탱해 준 것은 농구에 대한 끝없는 열정이었다. 그는 농구를 사랑했고 무척이나 즐거워했다. 그런 열정과 노력의 대가였을까? 그는 고등학교를 졸업하자마자 샌프란시스코의 대학 농구팀에 입단했고, 드디어 보스턴 셀틱스에서 프로 생활을 시작하게 되었다. 하지만 인용 글에서처럼 프로 활동을 시작하면서 그는 농구가 주던 즐거움을 더 이상 누릴 수 없었다.

프로 농구 선수로 생활하는 동안 그가 농구를 즐기지 못했다는 사실은 많은 사람을 충격으로 몰아넣었다. 농구가 주던 마법 같은 즐거움이 왜 사라진 것일까? 농구가 주는 기쁨으로 농구를 잘하게 되었고 프로선수가 되었는데 말이다.

◆ 아이에게 보상을 주면
  하던 일을 더 좋아하게 될까

스탠퍼드대학교 심리학과에 재직 중이던 마크 래퍼Mark Lepper 교수와 데이비드 그린David Greene 교수, 그리고 미시간대학교 심리학과에 재직 중이던 리처드 니스벳Richard Nisbett 교수는 1973년에 역사에 남을 만한 심리학 실험 결과를 발표했다.[13] 그림그리기를 좋아하는 세 살에서 다섯 살 사이의 아이들을 대상으로 진행한 실험이었다. 실험에 참여한 아이들은 세 개

조건 중 하나에 무작위로 배정되었다.

첫 번째 조건에 배정된 아이들에게는 다음과 같은 안내가 주어졌다. "여기에 있는 매직펜으로 그림을 그리면 '좋은 그림 상'을 줄게요." 그리고 약속대로 그림을 그린 후에 아이들에게 '좋은 그림 상'을 주었다. 두 번째 조건에 배정된 아이들에게는 "여기에 있는 매직펜으로 그림을 그리면 돼요"라고 안내했다. 그리고 그림을 다 그린 뒤 아이들에게 '좋은 그림 상'을 줬다. 첫 번째 조건과 두 번째 조건의 유일한 차이는 아이들에게 그림을 그리기 전에 '좋은 그림 상'에 대한 안내를 했는지, 안 했는지뿐이다. 세 번째 조건에 배정된 아이들에게는 두 번째 조건처럼 "여기에 있는 매직펜으로 그림을 그리면 돼요"라고 안내했다. 하지만 그림을 그리고 난 뒤 이 아이들에게는 '좋은 그림 상'을 주지 않았다. 그래서 세 번째 조건에 배정된 아이들은 '좋은 그림 상'의 존재를 알지 못했다.

다시 정리하면 첫 번째 조건에서는 아이들이 그림을 그리기 전에 그림 그리기 보상에 대해 알고 있었고, 그림을 그리고 난 뒤에는 기대에 맞게 보상을 받았다. 두 번째 조건에서는 아이들이 그림그리기 전에는 그림그리기 보상에 대해 알지 못했지만, 그림을 그리고 난 뒤 기대치 않게 보상을 받았다. 세 번째 조건에서는 아이들이 그림을 그리기 전에 그림그리기 보상에 대해 알지 못했고, 그림을 그리고 난 뒤에도 보상을 받지 못했다.

그렇게 실험이 마무리되는 듯싶었으나 진짜 실험은 2주 후에 진행되었다. 연구자들은 2주 전에 아이들이 사용한 매직펜과 종이를 교실에 배치한 뒤 어떤 조건에 배정된 아이들이 자유 시간에 매직펜과 종이를 가지고 그림그리기에 더 많은 시간을 쓰는지 관찰했다. 이 실험 절차는 아이들의 그림그리기에 대한 내적 동기를 측정하기 위함이었다. 물론 아이들은 이 절차가 실험의 일종이라는 것을 상상조차 하지 못했다. 자유 시간에 아이들은 자기들이 원하는 것을 자유롭게 선택할 수 있었다. 낮잠을 잘 수도 있고 운동장에 나가 친구들과 놀 수도 있다. 이 자유 시간에 매직펜과 종이를 가지고 그림을 그린다는 것은 아이들이 그림그리기를 좋아한다는 것을 의미한다. 특별히 그림그리기에 대한 보상이 없었기 때문에 이 행위는 아이들의 그림그리기에 대한 내적 동기를 나타낸다고 볼 수 있다.

다시 연구 질문으로 돌아가 보자. 어떤 조건에 배정된 아이들이 매직펜과 종이를 가지고 자유 시간에 그림을 더 많이 그렸을까? 그림그리기 전에 보상에 대한 안내를 받았던 첫 번째 조건일까? 결과는 아니었다. 직관적으로 생각해 보면 첫 번째 조건에 배정된 아이들이 자유 시간에도 그림그리기를 가장 많이 했을 거라고 추론할 수 있다. 그림그리기에 대한 보상을 받았기 때문이다.

하지만 결과는 정반대였다. 이 조건에 배정된 아이들이 그림그리기에 가장 적은 시간을 썼다. 첫 번째 조건에 배정된 아이들은 평균적으로 자유 시간의 8.59퍼센트를 그림그리기에 썼다. 하지만 두 번째 조건에 배정된 아이들은 16.73퍼센트, 그리고 세 번째 조건에 배정된 아이들은 18.09퍼센트의 자유 시간을 그림그리기에 썼다.

세 번째 조건에서는 보상에 대한 언급조차 없었고 보상을 주지도 않았다. 그런데도 이 조건에 배정된 아이들이 그림그리기를 가장 좋아했다. 첫 번째 조건에서는 그림을 그리면 보상을 주겠다고 미리 공지하고

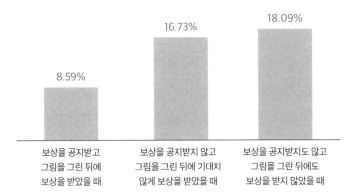

3가지 다른 보상 조건 제시 이후 아이들이 자유롭게 그림을 그린 시간 비중

출처: Lepper, M. R., Greene, D., & Nisbett, R. E. (1973).

8.59%

보상을 공지받고
그림을 그린 뒤에
보상을 받았을 때

16.73%

보상을 공지받지 않고
그림을 그린 뒤에 기대치
않게 보상을 받았을 때

18.09%

보상을 공지받지도 않고
그림을 그린 뒤에도
보상을 받지 않았을 때

그림을 그리고 난 뒤에는 약속대로 보상도 제공했지만 이 조건에 배정된 아이들이 그림그리기를 가장 싫어했다. 두 조건의 차이는 두 배가 넘는다. 어떻게 이런 일이 발생했을까? 상식적으로 보상받은 일을 더 좋아해야 하는 것 아닌가?

◆ 보상이 주어지면
　아이들은 흥미를 잃는다

이 현상을 설명하는 이론이 '과잉 정당화 효과^{overjustification effect}'다. 이 이론에 따르면 사람들은 자기가 좋아하는 일에 보상이 주어지면 보상 때문에 그 일을 하고 있다고 추론한다. 그러니까 그림그리기 전에 보상에 대한 설명을 들은 아이들은 그림을 그리면서 '나는 보상을 얻기 위해 그림을 그리는 중이야'라고 생각했다는 것이다. 이 조건에 배정된 아이들은 엄밀히 말하면 그림그리기를 보상받기 위해 억지로 하는 '일'로 여긴 셈이다.

그래서 이 아이들은 자유 시간이 주어졌을 때 그림그리기를 선택하지 않았다. 자유 시간에 누가 재미없는 '일'을 하겠는가? 이 아이들에게는 그림그리기가 이미 일로 치환된 상태였기 때문에 자유 시간에 일을 선택할 이유가 전혀 없었다. 이 실험의 결론은 보상으로 아이들의 내적 동기가 낮아질 수 있다는 것이다. 보상 전과 후에 아이들의 그림그리기에 대한 태도가 완전히 달라졌기 때문이다. 그림그리기를 보상 전에는 즐거운 일로, 보상 후에는 하기 싫은 일로 생각하게 된 것이다.

보상에 대한 언급이 없었던 두 번째 조건과 세 번째 조건에 배정된 아이들은 어땠을까? 그림을 그리면서 이것을 일로 생각할 이유가 없었다. 두 조건의 아이들 모두 그림그리기가 끝나기 전까지는 보상에 대해 알지 못했기 때문이다. 원래 좋아하는 그림그리기를 할 수 있는 상황이 선생님으로부터 주어졌을 뿐이다. 어떤 압박도 없고 강제도 없었다. 그냥 본인이 좋아서 그림을 그렸다고 생각할 수밖에 없다. 그래서 2주 후에 자유 시간이 주어졌을 때 이 아이들은 좋아하는 그림그리기를 선택할 수 있었다.

두 번째 조건과 세 번째 조건은 그림그리기에 쓴 시간 측면에서 통계적으로 차이가 없다. 세 번째 조건과 달리, 두 번째 조건에 배정된 아이들은 그림을 그리고 난 뒤에 보상이 주어졌다. 그래서 눈치 빠른 독자들은 두 번째 조건에 배정된 아이들은 그림그리기 활동에 시간을 더 적게 써야 하는 게 아니냐고 반문할 수 있다. 그림그리기에 대한 보상을 받았기 때문이다.

하지만 이런 의문은 과잉 정당화 효과의 정의를 되새겨보면 쉽게 풀린다. 과잉 정당화 효과가 성립하기 위해서는 특정한 활동을 하면서 보상 때문에 그 일을 한다고 생각해야 한다. 그러기 위해서는 특정한 활동을 하기 전에 그 활동에 대한 보상이 있다는 것을 알아야만 한다. 그래야만 보상 때문에 그 활동을 한다고 지각하게 된다.

그러나 두 번째 조건에 배정된 아이들은 그림그리기를 하면서 보상에 대한 정보를 전혀 알지 못한 상태였다. 그래서 보상 때문에 그림그리기를 하고 있다고 생각할 수 없었다. 물론 그림그리기를 일로 생각할 수도 없었고, 여전히 본인이 좋아서 그림그리기를 하고 있다고 추론할 수밖에 없었다. 그래서 2주 뒤 자유 시간이 주어졌을 때 스스럼없이 그림그리기를 선택할 수 있었던 것이다.

내가 아는 한 이 실험은 동기부여에 관련된 심리학 연구에서 가장 영향력 있고 중요한 연구다. 지금까지 학계에서 5,954번이나 인용될 정도로 역사적이고 기념비적인 실험이다. 그 이유는 연구 결과가 직관에 반하는 충격적인 내용을 담고 있기 때문이다.

우리는 일반적으로 동기부여의 수단으로 보상을 사용한다. 역사가 태동할 때부터 우리는 보상을 동기부여 수단으로 사용했다. 개인적인 수준에서만 사용한 게 아니고 사회적인 수준을 넘어 국가적인 수준에서도 보상을 국가 운영 시스템의 중요한 부분으로 받아들였다. 그러나 이 연구는 보상이 궁극적으로 동기부여를 저해할 수 있다는 사실을 증명하기 때문에 아이들의 교육과 동기부여 관점에서 주의 깊게 살펴볼 필요가 있다. 이 장에서는 보상이 어떻게 아이들의 동기를 훼손할 수 있는지 살펴보고 대안을 찾아보려 한다.

◆ 즐거움이 먼저냐, 보상이 먼저냐

다시 앞의 빌 러셀 이야기로 돌아가 보자. 빌 러셀은 원래 농구를 사랑했고 즐겼다. 그의 인생에서 가장 흥미롭고 재미있는 일이었다. 어쩌면 그의 유일한 즐거움이자 기쁨이었으며, 어려운 삶의 마지막 희망이었다. 학교를 마치고 집에 돌아오면 가방을 던져 놓고 밤늦도록 농구를 즐겼다. 농구를 열심히 한다고 누가 돈을 주는 것도 아니었다. 아무런 보상이 존재하지 않았지만 그는 농구가 재미있고 좋았다. 하지만 그 즐거움은 프로선수로 데뷔하기 전까지만이었다.

프로선수가 된 뒤 빌 러셀에게 농구는 완전한 다른 의미로 다가왔다. 농구를 한다는 것 자체는 프로선수가 되기 전이나 후나 아무런 차이가 없었다. 하지만 프로선수가 된 뒤 농구가 더 이상 재미있지 않았다. 보상이 주어졌기 때문이다. 바로 돈이다. 돈을 받으면서 그는 자신도 모르게 '농구하는 것'에 대해 이상한 추론을 할 수밖에 없었다. 그 추론은 바로 '돈을 벌기 위해 농구 경기를 하고 있다'라는 생각이었다. 농구는 그에게 '일'이 되어버렸고, 그래서 농구가 재미없고 싫어졌다. 가능하면 농구를 하고 싶지 않다는 생각이 들기도 했다. 매 경기와 연습이 고통스럽고 힘들었다. 하루만이라도 농구의 압박에서 벗어나고 싶었다. 그렇게 그는 농구가 주던 마법과도 같은 기쁨을 잃어버렸다.

농구를 평생 직업으로 했던 빌 러셀 처지에서 생각해 보면 가슴 아픈 일이 아닐 수 없다. 단도직입적으로 말하면 빌 러셀은 평생 자기가 싫어하는 일을 하면서 산 셈이다. 하루도 아니고, 일 년도 아니고 평생을 그렇게 살았다. 이 장에서 나중에 이야기하겠지만 우리 아이들과 우리의 삶도 빌 러셀처럼 될 수 있다. 돈을 얼마나 많이 버는가를 제외하면 빌 러셀과 우리는 하기 싫은 일을 하며 산다는 측면에서는 별로 다를 게 없기 때문이다.

숙제 먼저 끝내면
놀게 해준다는 말의 함정

내 딸이 여섯 살 때였다. 딸아이는 그림그리기 활동을 제일 좋아했는데 스케치북과 크레용만 있으면 하루에 족히 네 시간은 그렸던 것 같다. 누가 시킨 것도 아닌데 아이는 너무나도 즐겁게 그림을 그렸다. 그림을 그리는 동안 딸은 참으로 행복해 보였다. 그림도 아주 잘 그렸다. 나는 어렸을 때부터 그림을 잘 못 그렸는데, 그래서인지 딸의 그림에 대한 사랑과 재능이 놀랍기만 했다. 저러다가 세계적인 화가가 되는 게 아닌가 하는 생각도 들었다. 슬슬 내 머릿속이 바빠지기 시작했다. 딸의 재능을 키워주고 싶었고, 그것이 부모로서 해야 할 일이라고 생각했다. 궁리 끝에 딸에게 상을 주기로 했다. 스케치북 한 권을 끝낼 때마다 예쁜 크레용을 사주기로 약속했다. 딸이 예쁜 크레용을 좋아했기 때문이다.

내 예상이 맞았던 걸까? 딸은 그림을 더욱더 열심히 그렸다. 하루에 다섯 시간도 그렸고, 어떤 날은 온종일 그렸다. 나는 속으로 흡족해하며 나의 보상 시스템이 잘 작동한다고 믿었다. 그런데 스케치북 한 권을 끝낼 때마다 딸이 물었다. "아빠, 이번에는 어떤 크레용 사줄 거야?" 나는 기쁜 마음으로 여러 가지 선택지를 보여주며 딸에게 선택하도록 했다.

나와 딸이 모두 행복한 순간이었다. 어떤 날은 딸이 스케치북 한 권을 끝내지도 않았는데 어떤 크레용을 사줄 거냐고 미리 묻기도 했다.

그렇게 몇 주가 지나니 몇 년을 사용해도 다 소비하지 못할 정도의 크레용이 쌓였다. 나는 딸에게 사정을 이야기하고 크레용 대신 예쁜 스케치북을 사주기로 약속했다. 딸은 좋아했고 여전히 그림을 열심히 그렸다. 보상은 아이들도 움직이게 한다는 생각에 황홀하기까지 했다. 자녀에게 동기부여를 잘하는 멋진 아빠라는 생각도 들었다. 어느덧 스케치북도 너무 많이 쌓여 이제 더는 스케치북을 사는 게 무리일 정도였다.

나는 딸에게 말했다. "예쁜 크레용과 스케치북이 너무 많으니까 더는 사면 안 될 것 같아. 이제 그만 사자." 아이는 약간 서운해하는 것 같았지만 금세 순응했다. 그런데 그 뒤로 전혀 예상치 못한 상황이 펼쳐졌다. 아이는 그날부터 그림을 그리지 않았고 그림그리기에 아무런 흥미를 보이지 않았다. 너무 급작스러운 변화라서 당황스럽기까지 했다. 본인이 좋아서 온종일 그리던 그림을 스스로 그만둔 것이다. 그것도 하루 만에 갑자기 태도를 바꿨다. 지금 생각해 보면 나는 본의 아니게 완벽한 과잉 정당화 효과를 딸에게 구현해 버린 격이 되었다.

그때 딸의 상황을 과잉 정당화 효과 관점에서 재구성해 보면 이렇다. 내가 크레용과 스케치북을 보상으로 주자 딸은 보상을 얻기 위해 그림을 그리고 있다고 추론했다. 그림그리기를 스스로 좋아서 하는 일이 아니라 보상을 얻기 위해 하는 일이라고 생각하게 된 것이다. 내가 보상을 주지 않자 아이는 더는 그림그리기를 하지 않았다. 사실 아이는 더이상 그림을 그릴 이유가 없었다. 보상을 얻기 위해 그림을 그렸는데 그 보상이 없어졌기 때문이다. 결국 내가 딸에게서 그림에 대한 열정과 즐거움을 빼앗은 꼴이 되었다. 보상에 대한 나의 동기는 순수한 진심이었지만 결과는 처참했다. 딸은 좋아하던 일을 스스로 그만두었다. 사실은 딸이 그만둔 게 아니라 내가 그만두게 한 것이다.

내가 보상을 주지 않았더라도 딸은 훌륭한 미술가로 성장하지는 않았을 거라고 위로해 본다. 나중에 알게 된 사실이지만 그 나이대의 여자아이들은 대부분 그림그리기를 좋아한다고 한다. 그런데 내가 보상을 주지 않았으면 적어도 그런 식으로 그만두지는 않았을 것이다.

우리 딸의 사례를 통해 내가 하고 싶은 이야기는 많은 부모가 어릴 때부터 자녀의 꿈과 동기를 이런 방식으로 훼손한다는 것이다. 그림그리기에 국한된 게 아니다. 인생의 중요한 일들은 거의 모두 보상이라는 이름으로 정당하게 그 동기를 훼손하며 아이들의 꿈과 희망을 빼앗는다. 빌러셀처럼 우리 아이들이 싫어하는 일을 하며 평생을 살게 되는 것이다.

◆ 공부 먼저 하고 놀라고 하면
　아이들은 공부를 싫어하게 된다

마크 래퍼 교수는 1982년에 또 한 가지 흥미로운 실험을 발표했다.[14] 유치원생들을 대상으로 실험을 진행했다. 실험에 참여한 유치원생들은 두 가지 조건 중 하나에 무작위로 배정되었다. 각 조건에 배정된 아이들은 두 개의 그림그리기를 했다. 아이들 모두가 좋아하는 그림그리기 활동이었다. 편의상 첫 번째 그림그리기 활동을 A라고 하고, 두 번째 그림그리기 활동을 B라고 하자.

첫 번째 조건에 배정된 아이들에게는 다음과 같은 안내가 주어졌다. "두 개의 그림그리기 활동 A와 B 중 하나를 먼저 하고 그다음 다른 것을 하면 돼요." 두 번째 조건에 배정된 아이들에게는 다음과 같은 안내가 주어졌다. "그림그리기 활동 B를 하기 위해서는 그림그리기 활동 A를 먼저 해야 해요." 각 조건에 배정된 아이들은 안내 사항에 따라 두 개의 그림그리기 활동을 했다. 첫 번째 조건에 배정된 아이들은 자유롭게 A와 B 중 하나를 먼저 하고 그 후에 다른 것을 했다. 두 번째 조건에 배정된 아이들은 A를 먼저 하고 그 후에 B를 했다.

2주 뒤 실험자는 그림그리기 활동 A와 B를 교실에 배치했다. 그리고 쉬는 시간에 각 조건에 배정된 아이들이 A와 B 활동 중 어느 것을 더 선호하는지 관찰했다. 그림그리기 활동 A와 B에 대한 아이들의 내적 동기를 측정하기 위해서였다. 다시 한번 기억해야 할 사실은 아이들은 실험 전부터 그림그리기 활동 A와 B를 같은 수준으로 좋아했다는 것이다.

실험 결과는 아주 흥미로웠다. 첫 번째 조건에 배정된 아이들은 자유 시간에 A와 B에 같은 시간을 투자했다. A와 B, 둘 다 같은 수준으로 좋아했다는 의미다. 하지만 두 번째 조건에서는 아이들이 B를 훨씬 더 많이 선택했다. A는 좋아하지 않았고, B는 좋아했다는 뜻이다. 왜 이런 결과가 나왔을까?

이유는 간단하다. B를 하기 위해 A를 먼저 한 아이들은 A를 일로 생각했기 때문이다. B라는 보상을 받기 위해 A를 한다고 생각한 것이다. 원래 아이들은 실험 전에 B만큼 A도 똑같이 좋아했다. 하지만 실험 이후에 아이들은 A를 더 이상 좋아하지 않았다. A라는 과제를 하는 것에 대해 B라는 보상이 주어지자 A를 하기 싫은 일로 지각하게 된 것이다. A는 원래 즐거운 일이었음에도 말이다. 과잉 정당화 효과 이론이 완벽하게 재현된 셈이다.

엄마들이 아이에게 이런 말을 습관적으로 많이 한다. 공부 먼저 하고 그다음 컴퓨터 게임 해라, 숙제 먼저 하고 친구들이랑 놀아라, 학원 숙제 다 못하면 밖에 못 놀러 간다 등등. 엄마로서 당연히 할 수 있는 말이다. 아이를 위하는 마음으로 중요한 일부터 먼저 한 뒤 놀라는 취지다. 하지만 부모의 이런 말들로 인해 아이들은 공부하기를 더욱 싫어하게 된다. 원래도 좋아하진 않았으나 더 하기 싫은 일이 되어버린다. 공부를 컴퓨터 게임을 하거나 친구들과 놀기 위해 하는 일이라고 추론하기 때문이다. 이런 과정을 거쳐 아이들에게 공부는 완벽하게 일이 되어버린다. 이 세상 누구도 억지로 하는 일을 좋아하지 않는다. 하지만 이런 말들 속에서 공부는 점점 억지로 하는 일로 전락한다.

'B를 하기 위해서는 A를 먼저 해야 한다'라고 말하면 사람들은 A에 대한 동기가 올라갈 거라고 생각한다. 그래서 A를 열심히 하게 하려고 B라는 보상을 선물로 제시하는 것이다. 하지만 신기하게도 B라는 보상은 A를 더욱 싫어하게 만든다. B를 위해 억지로 해야 하는 일로 A를 지각하기 때문이다. 특정한 일에 대해 동기부여를 하려고 그 일에 보상을 조건으로 제시하면 절대 안 된다.

'학원 숙제 빨리 해!'라고 말하는 게 '학원 숙제 끝내기 전에는 친구들과 절대 못 논다!'고 말하는 것보다는 동기부여 측면에서 훨씬 더 이익이다. '학원 숙제 빨리 해!'는 기본적으로 보상과 조건이 걸려 있지 않기 때문이다. 그런데도 우리는 아이를 공부시키기 위해 항상 보상과 조건을 건다. 그렇게 해야 공부를 좀 더 열심히 할 거라고 믿는다. 물론 컴퓨터 게임을 하고 싶어서, 아니면 친구들과 놀고 싶어서 그 순간에 숙제를 더 빠르게 끝낼 수는 있다.

하지만 문제는 숙제를 얼마나 빨리 끝내느냐에 있지 않다. 진짜 문제는 학원 숙제하는 것을 얼마나 좋아하는지 혹은 싫어하는지에 있다. 조건과 보상이 걸리면 아이들은 학원 숙제하는 것을 훨씬 더 싫어하게 되고, 그러면 결국 공부 자체를 싫어하게 된다. 공부를 싫어하면 공부를 잘하기란 불가능한 일이 된다.

신기하게도 우리는 아이가 처음으로 공부를 시작하는 네다섯 살 때부터 보상을 건다. 그래서 아이들이 보상 없이도 좋아하던 공부와 그림그리기를 얼마 가지 않아 싫어하게 된다. 더 솔직하게 이야기하면 우리는 아이들에게 특정한 일을 좋아할 기회를 주지도 않고 그냥 처음부터 보상으로 동기를 떨어트려 버린다. 그래서 아이들은 공부를 시작할 때부터 공부를 싫어하게 되고 어쩔 수 없이 고등학교 끝날 때까지 싫어하는 공부를 하게 된다.

◆ **공부를 열심히 하지만 싫어하는 아이들**

우리나라 아이들은 공부를 참으로 열심히 한다. 내 아들도 초등학교 4학년 때 새벽 2시까지 공부하곤 했다. 함께 근무하던 미국 교수에게 초등학교에 다니는 아들이 새벽 2시까지 공부한다고 이야기했더니 나를 아동 학대로 경찰에 고소한다고 했다. 물론 우스갯소리였지만 뼈 있는 이야기 였다. 우리나라에서는 아이들이 다섯 살만 되면 공부를 시작한다. 그 과 정은 고등학교를 졸업할 때까지 이어진다. 밤잠을 줄여가며 공부하는 것 은 특정한 아이들만의 이야기가 아니다. 대부분의 아이가 그렇게 한다. 아마도 우리나라 아이들이 세계에서 가장 열심히 공부하는 것 같다.

그런데 흥미로운 사실은 공부를 좋아하는 아이들이 거의 없다는 것이 다. 안타깝게도 공부를 즐기는 아이가 없다. 대부분 공부를 싫어하고, 공 부를 좋아한다고 하면 아마도 정상적인 아이로 취급받지 못할 것이다. 조금만 더 생각해 보면 이보다 더 슬픈 일이 없다. 가장 열심히 하는 일 을 가장 싫어하기 때문이다. 정확하게 말하면 공부를 싫어할 수밖에 없 다. 이유는 공부하는 것에 대한 엄청난 보상이 있기 때문이다. 바로 '좋은 대학교 입학'이다.

사람들은 보상이 있는 일을 훨씬 더 좋아할 거라고 생각하지만 실상 은 완전히 반대다. 보상이 존재하면 그 일을 절대로 좋아할 수가 없다. 멀 쩡히 재미있게 그 일을 하고 있다가도 보상을 받기 위해 억지로 그 일을 한다고 지각하기 때문이다. 학생들은 좋은 대학교에 입학하기 위해 억지 로 공부하고 있다고 생각한다. 꼭 그렇게 생각할 필요가 없는데도 말이 다. 공부하는 것 자체가 재미있고 즐거운 일일 수도 있는데, 좋은 대학교 입학이라는 보상이 주어지면 공부를 싫어하게 된다. 대학교 입학이라는 보상이 주어졌기 때문이다.

그래서 우리나라 아이들은 유치원 시절부터 고등학교 졸업까지 13년 동안 좋은 대학교에 들어가기 위해 '공부'라는 싫어하는 일을 억지로 하게 된다. 학생 처지에서는 이보다 더 슬픈 현실이 있을 수 없다. 그것이 바로 인생이라고 미화하며 아이들을 위로하는 어른도 있다. 좋은 대학교 입학이라는 보상이 기다리고 있다고 스스로 위로하는 아이들도 많다. 하기 싫은 일이지만 어쩔 수 없이 해야 하므로 보상으로 명분을 찾는 것이다.

하물며 공부가 재미있다며 자신을 기만하는 아이들도 있다. 보상이 주어졌기 때문에 절대로 재미있는 일이 될 수 없는데도 불구하고 재미있다고 자기최면을 거는 것이다. 그래야만 지치지 않고 열심히 공부할 수 있기 때문이다. 하지만 이놈의 보상 때문에 공부를 좋아하기란 불가능에 가깝다. 처음부터 보상이 없었으면 이런 자기기만, 자기최면 전략은 필요치 않았을 것이다. 싫어하는 일을 13년 동안 할 필요도 없었을 것이다. 이 모든 문제는 좋은 대학교 입학이라는 보상이 주어졌기 때문이다.

하지만 분명한 사실은 공부가 꼭 싫어하는 일이 될 필요는 없다는 것이다. 공부가 충분히 재미있을 수도 있다. 초등학교 입학 전에는 책 읽기를 좋아했다는 아이들이 많다. 수학을 좋아했다는 아이들도 있다. 과학을 좋아했다는 아이들도 많다. 하지만 신기하게도 시간이 지나면 좋아하던 과목을 모두 싫어하게 된다. 보상을 위해, 대학에 입학하기 위해 공부한다고 생각하기 때문이다. 보상이 생기는 순간 이런 추론은 피하기 어렵다. 이전까지 공부를 좋아했다 하더라도 보상이 주어지면 아이들은 그것 때문에 공부한다고 지각할 수밖에 없다. 그 순간 공부는 하기 싫은 일이 되어버린다.

사람들은 자신이 하는 일에 보상이 따르기를 바란다. 보상이 주어지지 않으면 공평하지 않은 일이라고 생각해 불평과 불만이 쌓인다. 보상 없는 일은 공정하지 않다고 거부감을 표하기도 한다. 그래서일까? 우리는 보상과 처벌이라는 시스템을 기초로 사회를 운영한다. 학교에만 국한된 일이 아니다. 대부분의 사회 구조는 보상과 처벌이라는 시스템에 의해 작동된다. 그런데 문제는 보상이 주어지면 사람들은 그 일을 싫어하게 된다는 점이다. 보상 때문에 그 일을 억지로 하고 있다고 추론하기 때문이다. 그렇게 되면 우리는 어디에서 무슨 일을 하든 그 일을 싫어하며 지낼 확률이 높아진다.

게임이 대학입시 과목이면
즐겁게 공부할까

게임 중독으로 일상생활이 무너지는 아이들이 많다. 개인의 문제만이 아니라 사회적 문제로 대두되기도 한다. 고등학교 남학생의 경우 컴퓨터 게임에 중독되면 대학 입학은 물 건너갔다고 이야기하는 사람도 있다. 학생들에게만 국한된 일이 아니다. 성인 중에서도 게임에 중독되어 신체적 고통과 정신적 아픔을 호소하는 사람들이 많다.

우스갯소리지만 나는 게임 중독을 우리나라에서 완전히 근절시킬 방법을 알고 있다. 한 명도 게임 중독에 빠지지 않게 할 방법이 있다. 과잉 정당화 효과를 이용하면 충분히 가능한 일이다. 컴퓨터 게임을 대학입시 과목으로 지정하면 된다. 국어, 영어, 수학, 사회, 과학과 함께 게임이 주요 과목이 되는 것이다. 게임 과목에 국·영·수보다 더 많은 배점을 주면 효과는 더 커진다. 대학입시에 가장 중요한 과목으로 컴퓨터 게임이 설정되면 어떤 일이 발생할까? 모든 아이가 네다섯 살이 되면 여러 학원에 다니며 게임 공부를 시작할 것이다. 초급반, 중급반, 고급반, 심화반까지 다양한 수업이 학생의 수준에 맞게 개설될 것이다. 대치동에는 게임 전문 학원이 즐비해질 것이다. 게임을 좋아하는 것과 관계없이 대학 입학에 관심 있는 아이라면 무조건 열심히 게임을 공부해야 하는 상황이다.

학교에서는 게임 과목의 시험도 보고 내신 성적도 산출할 것이다. 수능시험에서도 중요한 과목으로 설정된다. 그러면 아이들은 지금 수학 공부를 하듯이 어렸을 때부터 하루에 몇 시간씩 혹은 밤새도록 게임을 공부할 것이다. 이런 정책이 시행되면 모든 학생이 게임을 싫어하게 된다. 원래부터 게임을 좋아했던 아이도 예외일 수 없다. 좋은 대학교에 합격하기 위해 게임을 한다고 추론하기 때문이다. 게임은 좋은 대학교 합격이라는 보상을 얻기 위해 억지로 하는 '일'이 되어버린다. 그러면 모두가 게임을 싫어하게 된다. 싫어하는 일에 중독될 수는 없으니 그렇게 되면 우리 사회에서 게임 중독은 실체를 감추게 된다.

물론 현실적으로 실현 불가능한 일이다. 컴퓨터 게임을 잘하는 게 사회적 차원에서 가치 있는 일로 사회적 동의가 이루어져야 대학입시 과목으로 채택될 수 있을 테니 말이다. 내가 이 예시를 통해 증명하고 싶은 것은 보상을 주면 좋아하는 일도 싫어하게 된다는 점이다.

◆ 학생들이 수업에 재미를 잃는 이유

대개의 학생들은 학교 수업을 싫어한다. 초등학생도 그렇고, 중학생도 그렇고, 고등학생도 마찬가지다. 하물며 대학생도 수업을 싫어한다. 수업을 10분이라도 일찍 끝내면 환호가 터진다. 최고의 명강의는 휴강이라는 말이 있을 정도다. 흥미로운 수업이라면 조금 낫겠지만 정도의 차이만 있을 뿐 휴강보다 더 재미있을 수는 없다. 왜 학생들은 수업을 싫어할까?

'수업'이라는 활동에는 보상이 주어지기 때문이다. '좋은 성적'이라는 보상이 있으면 학생들은 좋은 성적을 받기 위해 수업을 듣는다고 지각할 수밖에 없다. 수업을 열심히 듣는 것은 좋은 성적을 받기 위한 '일'일 뿐이다.

교육과 수업의 목적은 무엇일까? 새로운 지식을 배우고 익히기 위함일까? 이론적으로는 맞는 이야기다. 하지만 학생들이 수업을 듣는 목적은 좋은 성적을 얻기 위해서다. 좋은 성적을 받기 위해 출석도 열심히 하고, 필기도 열심히 하며, 수업 시간에도 최고로 집중한다. 궁극적인 목적은 좋은 성적을 재료로 좋은 회사에 취직하기 위해서다. 성적과 취업이라는 보상이 주어지면 학생들은 공부의 목적이 높은 성적과 좋은 직장에 취업하기 위해서라고 생각할 수밖에 없다. 그래서 보상이 무서운 것이다.

대학교에서 공부를 시작하면 공부의 목적은 높은 학점과 취업이라는 보상에 맞춰진다. 대학 교육이 이론적으로는 그런 것을 목표로 지향하는 곳이 아님에도 말이다. 하지만 시험과 성적이 존재하고, 이를 기초로 취업이 결정되는 보상 시스템이 존재하면 학생들은 학점과 취업을 위해 수업을 듣는다고 추론할 수밖에 없다. 수업을 억지로 하는 일로 생각하도록 하는 것이다. 결국 이런 보상 시스템에서 학생들은 수업에 대한 흥미를 잃는다.

나도 대학생 시절 학점의 노예로 살았다. 어떻게 하면 모든 과목에서 A⁺를 받을 것인가가 최대의 관심사였다. 재미있고 관심 가는 과목도 들었지만 쉽게 A⁺ 학점을 받을 수 있는 과목을 적극적으로 탐색했었다. 학과에서 1등에서 3등까지는 성적 장학금을 지급했는데 이것은 또 하나의 중요한 보상이었다. 그중 1등은 전액 장학금을 주었기 때문에 무조건 1등이 목표였다. 뭘 배우느냐도 중요했지만 더 중요한 것은 1등을 해서 전액 장학금을 받는 것이었다. 학점이라는 보상이 있으면 어쩔 수 없이 공부하는 이유가 학점이 될 수밖에 없다. 그러면 공부는 재미없어지고 싫어하는 일이 된다. 고등학교 때까지 그렇게 싫어하던 공부를 억지로 꾸역꾸역했는데 대학교에 와서도 재미없는 일을 한다는 측면에서는 바뀐 게 하나도 없다. 자기가 좋아하는 전공을 선택했음에도 불구하고 싫어하는 공부를 계속할 뿐이다. 보상이 주는 아픔이다.

대학교 신입생이 된 우리 딸에게 "딸, 대학교에서 수업 들으니 재밌어? 고등학교 때와는 아주 다르지? 네가 공부하고 싶은 전공과목을 들으니 너무 좋지?"라고 물어본 적이 있다. 딸은 역시나 "아빠, 하나도 재미없어. 고등학교 때랑 똑같은데!"라고 답했다. 어차피 우리 딸의 목표 역시 높은 학점을 받는 것이기 때문에 달라진 게 없다. 수업을 듣는 것도, 수업에 늦지 않게 가는 것도, 과제를 제시간에 제출하는 것도, 시험공부를 하는 것도 모두 높은 학점을 받기 위해서다.

학생들에게 시험은 어떤 역할을 할까? 보상을 강하게 주는 것 중의 하나가 시험이다. 그래서 시험이 있으면 수업에 대한 흥미도는 급속도로 떨어진다. 공부하고 배운 것을 확인하고 점검하는 게 시험의 원래 목적이지만 시험이 생기면 선후관계가 완전히 바뀐다. 공부한 것을 점검하기 위해 시험을 보는 게 아니고 시험을 보기 위해 공부한다. 공부가 목적이 아니고 시험이 목적이 될 수밖에 없다. 수단과 목적이 완전히 바뀌는 것이다. 수업을 진행하다 보면 학생들의 집중력에 놀랄 때가 있다. 농담 하나 빼놓지 않고 모든 것을 필기하는 학생들도 많다. 하나라도 놓치지 않으려는 자세가 좋아 보이기도 하지만 실상은 배움에 대한 열정과 거리가 멀다. 중간고사와 기말고사에서 좋은 성적을 받기 위한 몸부림일 뿐이다.

두 시간짜리 수업을 하면 50분 수업하고 10분을 쉰다. 하지만 나는 쉬는 시간에 쉴 수가 없다. 쉬는 시간에 학생들이 열 명 이상 내 앞에 줄을 선다. 이해하지 못한 부분을 물어보고 확인하기 위해서다. 내가 보기에는 별로 중요한 것도 아니고 알 필요도 없는 사소한 것임에도 불구하고 말이다. 시험에 나올 수 있다고 생각하는 모양이다. 배움에 대한 열정이 아니라 시험 준비에 대한 열정이고 성적에 대한 열정이라는 사실을 내가 모를 리 없다.

◆ 시험이 있으면
　아이들은 수업에 흥미를 잃는다

나는 가능하면 시험을 보지 않으려고 한다. 학부 수업에서는 중간고사를 보지 않는다. 수업 시간에 논의한 연구 결과들을 삶에 적용해 보는 리포트로 대체한다. 어쩔 수 없이 기말고사만 본다. 내 맘 같아서는 기말고사도 안 보고 싶지만 성적을 내야 해서 어쩔 수 없이 한 번의 시험을 본다. 나는 첫 시간에 학생들에게 시험을 위한 수업을 하지 않겠다고 공지한다. 그리고 내 수업에서는 노트북이나 전자기기를 사용할 수 없고, 어차피 필기하고 메모할 것도 없다고 공지한다. 이런 규칙이 없으면 학생들은 모두 노트북을 꺼내 놓고 내 강의를 하나도 빼놓지 않고 받아쓰기 시작한다. 수업이 끝날 때까지 말이다. 시험을 위해서, 성적을 위해서 수업을 듣기 때문이다.

누구도 수업을 즐기거나 재미를 느낄 여유가 없다. 용기 있는 학생들은 이해하기 어려운 부분이 나오면 "교수님, 그 부분 시험에 나오나요?"라고 묻는다. 시험을 염두에 두고 수업을 듣는 것이다. 수업의 최종 목표는 시험이기 때문이다. 수업을 직접 진행하는 교수도 (본의 아니게) 시험을 기준으로 수업을 진행하게 된다. 교수도 뭔가 중요한 내용이 있으면 "이 부분은 시험에 꼭 나오니 잘 이해해야 해요!"라고 말한다. 모든 게 시험에 맞춰지는 상황이다. 시험이 있으면 어쩔 수 없이 이렇게 된다. 시험을 위한 수업을 하면, 수업을 듣는 학생도 수업을 하는 교수도 피곤하고 힘들다. 그냥 모두 '수업'이라는 '일'을 하고 있기 때문이다. 시험을 위해 공부하는 것과 공부를 위해 시험을 보는 것은 완전히 다르다. 후자가 현실이 되어야 하는데 현실은 그렇지 않다. 시험을 위해 공부할 뿐이다.

학기 첫 시간마다 학생들과 공유하는 나의 경험이 있다. "제가 4년 동안 학부에서 수강한 과목 중 지금도 기억하는 게 얼마나 있을까요?" 학생들에게 던지는 질문이다. 사실 나는 기억 나는 게 거의 없다. 4년 동안 학부에서 심리학을 공부했고 45개나 되는 과목을 들었음에도 말이다. 그럼 나는 4년의 학부 생활에서 무엇을 했단 말인가? 나만의 경험은 아닐 것이다. 대학원이라고 특별히 달라지는 것은 없다. 석사와 박사 과정을 밟으며 수많은 과목을 수강했지만, 지금은 기억나는 게 거의 없다. 내가 직접 수행한 개인 연구만 겨우 기억난다. 시험과 학점을 위해, 학위를 위해, 취업을 위해 공부를 일처럼 했기 때문이다. 재미있게 배울 수 있는 내용이 많았을 텐데도 말이다. 보상이 배움의 즐거움을 완전히 빼앗아 갔기 때문이다.

나는 '사회심리학' 과목을 학부생, 대학원생, 일반인을 대상으로 강의한다. 학부생은 기말고사만 치르면 된다. 대학원생은 시험은 없지만 매주 할당된 논문을 읽고 비평 글을 써야 하며, 학기 말에는 연구계획서를 제출해야 한다. 일반인 학생은 두 개의 짧은 보고서만 제출하면 된다. 누가 수업을 가장 재미있게 들을까?

내용이 같은 수업인데도 불구하고 학생들의 반응과 태도가 시험의 종류에 따라 엄청 다르다. 일반인 학생들이 수업을 가장 재미있게 듣는다. 일주일 동안 내 수업을 기다린다는 학생도 있고, 힘든 직장 생활에서 오아시스와 같은 시간이라고 표현하는 학생도 있으며, '인생 수업'이라고 말하는 학생도 있다. 시험이 없으니 아주 편하게 수업을 듣고 즐기며, 늘 수업을 기다리고 고대한다.

그러나 학부생은 상황이 완전히 다르다. 출석률만 봐도 알 수 있다. 일반인의 경우는 결석하는 일이 거의 없지만 학부생들은 결석하는 경우가 많다. 수업이 싫고 귀찮은 것이다. 이들의 관심은 수업이 언제 끝나는지에 집중된다. 수업 종료 5분 전만 되면 벌써 책상을 정리하면서 나에게 귀여운 무언의 압박을 넣는다. 종료 시각이 살짝 지나면 더 큰 움직임으로 의사를 표현한다. 1분도 더 듣기 싫다는 것이다. 엄청난 경쟁을 뚫고 들어와 비싼 등록금을 내며 본인이 선택해서 듣는 수업인데도 너무 싫은 것이다. 수업을 성적과 취업이라는 보상이 있어서 어쩔 수 없이 들어야 하는 일로 지각하기 때문이다.

학부생 못지않게 대학원생들도 힘들기는 마찬가지다. 성적을 받기 위해서는 매주 제출해야 하는 보고서도 있고, 2~3주에 한 번씩 읽은 논문과 관련해 발표도 해야 하기 때문이다. 하나라도 잘하지 못하면 점수가 낮아진다. 본인 연구에 도움이 되는 수업임에도 불구하고 성적이라는 보상이 따르면 모두가 흥미를 잃는다. 공부가 목적이 아니고 성적이 목적이 되기 때문이다.

좋아서 하는 일의
본질을
흐리지 말라

02

사람들은 보상을 동기부여라고 부른다. 멋진 표현이다. 하지만 엄밀하게 이야기하면 보상은 조작이다. 아이들과 어른들을 성적, 대학, 돈, 명예, 지위와 같은 보상으로 매수해 그 일을 억지로 시키는 것이다. 보상이 주어지면 대부분의 아이와 어른들은 그것을 위해 최선의 노력을 한다. 보상 앞에서 자유로운 사람은 흔치 않다. 얼핏 보면 자유의지로 열심히 하는 것처럼 보이지만 실상은 전혀 그렇지 않다. 열심히 안 할 수 없어서 억지로 하는 것이다. 보상과 함께 열심히 해야 하는 상황으로 몰리게 되는 셈이다. 이 것은 동기부여가 아니고 조잡한 행동 조작이다.

좋아하는 일 vs 잘하는 일,
아이의 진로 선택 기준

나의 아내는 피아노를 전공했다. 네 살 때부터 피아노를 쳤다고 한다. 대학원에서 피아노로 석사 과정을 마쳤으니 적어도 25년은 친 셈이다. 아내 말에 따르면 피아노 연주를 전문직으로 하는 사람치고 피아노 치는 것을 좋아하는 사람이 거의 없다고 한다. 피아노 연습과 연주에 엄청난 스트레스를 받는다고 한다. 왜 그럴까? 보상을 받기 때문이다. 보상을 받는 일은 꼭 해야 하는 '일'이 된다. 농구 선수 빌 러셀의 경우처럼 돈과 직업 유지를 위해 피아노를 쳐야 한다고 생각하게 된다.

하지만 아마추어로 피아노를 치는 사람들은 마음가짐이 조금 다르다. 그들은 피아노를 '취미'라고 이야기한다. 취미가 무엇인가? 자유로운 시간이 주어졌을 때 가장 즐겁게 하는 활동이다. 피아노 연주를 취미로 하는 사람은 피아노 치는 것을 사랑하고 즐긴다. 가장 소중한 자유 시간에 취미 활동을 하는 것을 보면 얼마나 즐거운 활동인지 가늠할 수 있다. 취미로 피아노를 치는 사람에게는 보상으로 돈과 명예를 주지 않는다. 그런데도 너무나 즐겁게 피아노를 친다. 하지만 신기하게도 취미로 피아노를 치다가 그게 좋아서 전문적인 피아니스트가 되면 그 후로는 피아노

치는 것을 싫어하게 된다.

이는 피아니스트에게만 해당하는 이야기가 아니다. 하는 일에 보상을 받는 모든 직업군에 해당한다. 대부분의 사람은 이런 과정을 거쳐 자기가 하는 일을 싫어하게 된다. 어찌 보면 평생 싫어하는 일을 하다가 떠나는 셈이다. 이보다 더 슬픈 현실이 어디 있겠는가.

◆ '좋아하는 일' 대신 '잘하는 일'을 직업으로 선택해야 하는 이유

'좋아하는 일'과 '잘하는 일' 중 무엇을 직업으로 선택해야 하는지는 오랫동안 논란이 되고 있다. 관련한 여러 가지 믿음과 이론이 있지만 나는 이 질문을 과잉 정당화 효과 관점에서 답해보려 한다. 많은 사람이 돈과 상관없이 좋아하는 일을 직업으로 삼아야 한다고 주장한다. 평생 좋아하는 일을 하면서 사는 것보다 더 행복한 게 없다고 믿는다. 하지만 나는 그렇게 생각하지 않는다. 무조건 잘하는 일을 직업으로 선택해야 한다고 생각한다.

첫 번째 이유는 좋아하는 일이 직업이 되면 그 좋아하던 일을 싫어하게 될 확률이 아주 높기 때문이다. 좀 과장해서 말하면 보상 때문에 가장 좋아하는 일이 가장 싫어하는 일로 변하게 된다. 직업으로서의 일에는 눈이 오나 비가 오나 꼭 해야 한다는 의미가 들어 있다. 보상을 받기 때문이다. 개인적인 사정을 허락하지 않는다. 몸의 상태가 좋지 않다고 함부로 쉴 수 있는 것도 아니고, 쉽게 그만둘 수 있는 것도 아니며, 반드시

해야 하는 것이다. 그래서 아무리 좋아하는 일이더라도 그것을 직업으로 선택하면 흥미를 잃고 결국 싫어하게 된다. 보상을 받기 위해 강제되는 일, 돈을 벌기 위해 하는 일이라고 지각할 수밖에 없기 때문이다.

두 번째 이유는 좋아하는 일과 잘하는 일이 다르다는 점에서 출발한다. 좋아하는 일을 잘하지 못하면 안타깝게도 시장경제 속에서 경쟁력을 잃는다. 경쟁력을 잃게 되면 좋아하는 일에 대한 흥미를 유지하기 어렵다. 결국 그 일은 재미도 없고 돈도 안 되는 일로 전락할 확률이 높다. 그러면 결국 그 일을 싫어하게 된다. 이것이 좋아하지만 잘하지 못하는 일을 직업으로 선택하지 말아야 하는 두 번째 이유다.

별로 좋아하지 않지만 잘하는 일을 직업으로 선택하면 더 나빠질 게 없다. 원래부터 좋아하던 일이 아니기 때문에 더 안 좋아할 이유도 없다. 잘하는 일로 돈을 잘 벌게 되면 오히려 그 일에 흥미를 느낄 수도 있다. 잘하는 일이니 당연히 시장 경쟁력도 있을 것이다. 좋아하는 일과 잘하는 일이 같으면 금상첨화겠지만 현실에서 그러기는 쉽지 않다. 만약 그런 경우라 할지라도 문제는 있다. 돈이라는 보상이 주어지면 아무리 좋아하는 일이라도 하기 싫어지기 때문이다.

◆ 하루의 80퍼센트를
　하기 싫은 일을 하며 보내는 사람들

'하는 일에 대해 보상이 주어지면 보상 때문에 그 일을 한다고 생각하게 되고, 그런 생각 때문에 그 일을 싫어할 수밖에 없다'라는 나의 주장에 어떤 사람들은 이렇게 반문할 수 있다. "그러면 보상 때문에 일한다고 생각하지 않으면 되는 거 아닌가요?", "꼭 그렇게 생각할 필요는 없잖아요. 그냥 원래 하던 것처럼 좋아서 한다고 생각하면 되잖아요", "대학에 가기 위해 공부하는 게 아니라고 생각하면 되지 않나요?"

물론 그런 식의 반문이 가능할 수 있다. 하지만 실제로는 그렇게 간단하지 않다. 사회심리학에서 사람들이 행동의 원인을 추론할 때 사용하는 할인 원리discounting principle에 따르면, 어떤 행동에 대해 보상과 같은 외적 요인이 강하게 주어질 경우 사람들은 그 외적 요인이 행동의 주요 원인이라고 판단하고, 그 결과 내적 동기의 역할을 과소평가하게 된다. 즉, 이 일을 하는 것은 내가 좋아해서가 아니라 보상을 받기 때문이라는 해석이 자동으로 작동하는 것이다. 보상이 눈에 띄게 존재하는 상황에서는 그 외적 요인이 행동의 유일한 설명으로 간주되기 쉽고, 이는 원래 존재하던 흥미나 자발성을 가리는 효과를 낳는다. 이것이 단순히 '그렇게 생각하지 않으면 되는 거 아닌가요?'라는 말로 해결되기 어려운 이유다. 직장 생활에 적용해 보면 쉽게 이해할 수 있다.

직장에서 일하는 것을 좋아하는 사람이 있을까? 거의 없다. 아침 일찍 일어나 출근하는 것부터 고역이다. 출근하면 점심시간을 기다리고, 점심시간 후에는 퇴근 시간만 기다린다. 주중에는 주말을 기다린다. 금요일 저녁이 가장 행복한 날이다. 일요일 오후가 되면 슬슬 기분이 나빠지기 시작하고 긴장감이 돈다. 다음 날 아침 일찍부터 또 매일 출근해야 하기 때문이다. 이렇게 직장 생활은 괴로움의 연속이다. 보상, 즉 돈을 받으면 사람들은 돈 때문에 억지로 일한다고 추론하기 때문이다.

대학생들은 졸업할 때가 되면 취직할 곳을 찾는다. 적성도 고려하고 전공도 고려해 자아실현을 할 수 있는 최적의 직장을 찾는다. 행복하고 즐거운 직장 생활을 꿈꾸지만 현실은 전혀 그렇지 않다. 입사한 지 몇 주만 지나면 자아실현은 딴 세상 이야기가 되고 직장 생활은 힘들게만 느껴져서 전혀 즐겁지가 않다. 이유가 뭘까? 일에 대한 보상이 주어지기 때문이다. 바로 월급이다. 월급을 받으면 그 일을 즐길 수 없다. 돈을 위해 일한다고 지각하는 탓이다. 이것이 바로 과잉 정당화 효과의 핵심이다. 다시 첫 질문으로 돌아가 보자. 과연 돈을 벌기 위해 직장 생활을 하는 게 아니라고 생각할 수 있을까? 거의 불가능하다. 그냥 돈 때문에 일한다고 생각할 수밖에 없다.

잠자는 시간과 밥 먹는 시간을 제외하면 우리는 하루의 80퍼센트 이상을 직장에서 보낸다. 이게 무슨 말일까? 우리는 평생 하기 싫은 일을 하면서 인생을 보낸다는 뜻이다. 이보다 더 슬픈 일이 어디 있겠는가? 간절히 찾으면 일에 대한 의미를 찾을 수도 있다. "세상 사는 게 원래 그런 거 아니야?", "남의 돈 먹기가 그리 쉬운지 알았니?", "참는 만큼 받아 가는 게 월급인 거 몰랐어?", "직장인들은 다 안주머니에 사직서 들고 다녀!" 이렇게 말하며 하기 싫은 일에 대한 명분을 찾을 수도 있다. 하지만 우리가 하는 일이 원래부터 그렇게 괴로웠던 것은 아니다.

퇴직한 뒤 새롭게 일할 곳을 찾아다니는 사람이 많다. 경제적인 이유로 일자리를 찾는 사람도 있지만 일하는 것 자체가 기쁨이고 행복이라고 생각하는 사람도 많다. 돈을 조금만 받아도, 아니 돈을 받지 않아도 일할 곳이 있으면 좋겠다고 생각하는 사람도 많다. 그래서 퇴직하면 자원봉사를 하거나 재능기부를 하는 사람도 있다. 돈을 받지 않고 하는 일은 즐겁고 기쁘다. 일이 기다려지고, 일하면서 행복감을 느낀다.

하지만 돈을 받게 되면 그런 즐거움과 기쁨은 완전히 사라진다. '내가 좋아하는 일을 하는데 돈도 주네?'라고 생각하면 금상첨화겠지만 그런 일은 절대 일어나지 않는다. 돈을 벌기 위해 일한다는 생각이 들 뿐이다. 자기가 좋아하던 일이라 할지라도 달라지는 것은 없다. 같은 일이더라도 보상을 받느냐, 받지 않느냐에 따라 일의 의미와 기쁨이 완전히 달라진다. '돈'이라는 보상이 없어지면 돈 때문에 일한다고 생각할 수가 없다. 그러면 하는 일이 그렇게 힘들고 고달프지 않다.

◆ '보상'이라고 쓰고
   '조작'이라고 읽는다

사람들은 보상을 동기부여라고 부른다. 멋진 표현이다. 하지만 엄밀하게 이야기하면 보상은 조작이다. 아이들과 어른들을 성적, 대학, 돈, 명예, 지위와 같은 보상으로 매수해 그 일을 억지로 시키는 것이다. 보상이 주어지면 대부분의 아이와 어른들은 그것을 위해 최선의 노력을 한다. 보상 앞에서 자유로운 사람은 흔치 않다. 얼핏 보면 자유의지로 열심히 하는 것처럼 보이지만 실상은 전혀 그렇지 않다. 열심히 안 할 수 없어서 억지로 하는 것이고, 보상과 함께 열심히 해야 하는 상황으로 몰리는 것이다. 이것은 동기부여가 아니고 조잡한 행동 조작이다.

아이를 둔 부모로서는 "보상으로 동기를 올릴 수만 있다면 무슨 상관인가요? 공부만 열심히 하면 되는 거 아니에요?"라고 반문할 수 있다. 아이들도 "열심히 공부해서 좋은 대학에 입학하면 좋은 거지, 그게 무슨 문제예요?"라고 따질 수 있다. 물론 보상이 주어지면 단기적으로는 최선의 노력을 할 수 있다. 그런데 문제는 지금까지 말했듯이 보상이 주어지면 아이가 그 일을 싫어하게 된다는 데 있다. 보상을 받기 위해 일한다고 생각할 수밖에 없기 때문이다.

우리가 보상과 처벌이라는 시스템으로 사회 전반을 운영하다 보니 대개의 사람은 자기가 하는 일을 싫어하게 된다. 그것도 평생을 말이다. 죽을 때까지 싫어하는 일을 하게 되는 격이다. 대학 합격이라는 보상을 위해 어쩔 수 없이 싫어하는 공부를 13년 동안 하고, 대학교에서는 학점과 취업이라는 보상을 위해 4년 동안 억지로 공부한다. 취업 후에도 보상은 계속된다. 성과급도 있고 연봉 인상도 있고 승진도 있다. 보상을 쫓아가는 평생의 삶 속에서 사람들은 힘들어하고 괴로워한다. 보상이 있기 때문이고, 보상 때문에 일한다고 생각하기 때문이다.

자유로움을 추구하는 인간이 보상으로 구속되고 족쇄를 차게 되는 셈이다. 그것이 먹고살아야 하는 인생의 현실이고 아름다움이라고 미화하면서 말이다. 하지만 우리가 보상으로 우리 자신을 힘들게 하지 않는다면 얼마든지 그렇게 살지 않을 수도 있다.

자의를 타의로 만드는
보상의 맹점

마크 래퍼 교수 연구팀이 1976년에 발표한 또 다른 논문은 보상이 아이들에게 얼마나 위험한지를 보여준다. 초등학교 4학년과 5학년 학생을 대상으로 한 이 연구는 어떻게 보상이 내적 동기를 훼손하는지를 적나라하게 보여준다.[15]

우리나라 아이들도 그렇지만 미국 아이들도 수학을 무척이나 싫어한다. 이 실험에서 연구자들은 먼저 아이들이 수학에 조금이라도 더 쉽게 다가갈 수 있도록 문제를 게임 형식으로 만들었다. 그리고 아이들이 원하면 그 '수학 게임'을 쉬는 시간에 할 수 있도록 했다. 아이들은 예상대로 수학 게임을 좋아했다. 아이들은 하루에 평균 19.30분을 수학 게임을 하는 데 사용했다. 나름 성공적인 수학의 게임화 전략이었다.

그다음 연구자들은 보상 시스템을 투입하기로 했다. 수학 게임에 대한 내적 동기를 더 끌어 올릴 수 있는지 알아보기 위해서였다. 이 보상 시스템은 '토큰 교환 프로그램'으로 수학 게임을 많이 하면 할수록 토큰을 많이 지급하는 방식이었다. 나중에 아이들은 자신이 모은 토큰의 개수에 따라 여러 가지 상품을 받을 수 있다. 우리나라에서도 많이 사용하

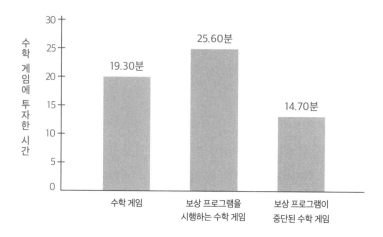

토큰 교환 프로그램에 따른 수학 게임 시간

출처: Greene, D., Sternberg, & Lepper, M. R. (1976).

수학 게임에 투자한 시간

- 수학 게임: 19.30분
- 보상 프로그램을 시행하는 수학 게임: 25.60분
- 보상 프로그램이 중단된 수학 게임: 14.70분

는 보상 시스템이다. 착한 일을 많이 하거나 친구를 도우면 선생님으로부터 스티커를 받게 되고, 스티커가 많이 쌓이면 스티커의 개수에 따라 적절히 보상받는 시스템과 같다.

토큰 교환 프로그램 덕분에 아이들은 수학 게임에 더 많은 시간을 사용했을까? 다행스럽게도 아이들은 수학 게임에 더 많은 시간을 사용했다. 토큰 교환 프로그램이 실행된 후에 아이들은 하루에 평균 25.60분을 수학 게임에 썼다. 19.30분에서 25.60분이면 수학 공부 시간이 33퍼센트 증가한 셈이다. 보상 프로그램이 성공한 것이다.

그다음 연구자들은 아이들에게 토큰 교환 프로그램을 중단한다고 공지했다. 수학 게임을 하더라도 토큰을 더 이상 지급하지 않겠다고 했다.

이 상황에서 아이들은 수학 게임에 하루 평균 몇 분을 사용했을까? 토큰 교환 프로그램이 있을 때와 비슷한 분량의 시간을 수학 게임에 썼을까? 아니면 조금 덜 썼을까? 결과는 14.70분이었다. 수학 공부 시간이 토큰 교환 프로그램이 있을 때보다 43퍼센트나 줄었다.

여기서 더 충격적인 사실은 14.70분이라는 시간이 토큰 교환 프로그램을 실행하기 전 아이들이 수학 게임에 썼던 19.30분보다 적다는 점이다. 이 프로그램을 실행하기 전에도 아이들은 수학 게임을 좋아했고 19.30분의 시간을 수학 게임에 썼다. 하지만 보상 시스템을 실행했다가 중단하자 아이들은 수학 게임에 관심을 잃었다. 보상 시스템 실행 전 모습으로 돌아간 게 아니고, 그때보다 훨씬 더 적은 시간을 수학 게임에 썼다. 정확하게 이야기하면 보상 시스템 실행 전보다 공부하는 시간이 24퍼센트나 줄었다.

◆ 보상이 주어지는 순간
　스스로 하려는 마음이 사라진다

어떻게 이런 일이 발생할 수 있었을까? 처음 수학 게임을 소개했을 때 아이들은 좋아하며 즐겁게 수학을 공부했다. 이런 것을 내적 동기라고 한다. 누가 시킨 것도 아니고 압력을 가한 것도 아니고 그냥 수학 게임이 좋아서 스스로 했을 뿐이다. 심지어 보상 프로그램이 실행되자 아이들은 더 열심히 수학 게임을 했다.

하지만 이때부터 보이지 않는 문제가 발생하기 시작했다. 보상 시스템과 함께 수학 게임을 바라보는 태도가 급속히 변한 것이다. 보상 프로그램이 실행되기 전에는 스스로 좋아서 했지만, 보상 프로그램이 실행된 후에는 보상(토큰) 때문에 수학 게임을 한다고 추론하게 되었다. 내적 동기가 외적 동기로 치환되는 순간이다.

보상 프로그램이 실행된 후부터 아이들이 훨씬 더 많은 시간을 수학 게임에 투자한 것은 사실이다. 하지만 문제는 수학 게임을 하는 이유가 완전히 달라졌다는 데 있다. 이미 내적 동기를 상실한 상태로 전환되었기 때문이다. 수학 게임은 이미 보상받기 위해 억지로 하는 '일'로 전락한 상태였다. 보상 때문에 기존의 내적 동기가 외적 동기로 완벽하게 전환된 것이다.

이런 상태에서 보상 프로그램이 중단되면 어떤 일이 벌어질까? 외적 보상 때문에 수학 게임을 하던 아이들은 보상이 주어지지 않으면 더 이상 수학 게임을 할 필요성을 느끼지 않는다. 보상이 있기 전에는 스스로 재미있게 했더라도 보상이 주어지는 순간 내적 동기는 사라지고 외적 동기만 남는다. 이런 상태에서 외적 동기의 핵심인 보상이 없어지면 당연히 그 일을 해야 할 이유가 사라진다. 아이들에게 수학 게임은 토큰 교환 프로그램을 시작할 때부터 이미 하기 싫은 일로 전락한 상태다. 이미 하기 싫은 일이니 보상이 주어지지 않으면 당연히 해야 할 필요성을 느끼지 않는다.

이 연구의 핵심은 무엇일까? 보상이 주어지면 내적 동기가 상실된다는 점이다. 하지만 외적 동기로 변환되었다고 해서 노력하지 않는 것은 아니다. 단기적으로는 더 큰 노력을 할 수 있다. 물론 보상받기 위해서다.

하지만 이미 조건이 걸려 있는 외적 동기이기 때문에 극명한 한계가 존재한다. 장기적인 관점에서 외적 동기가 내적 동기를 이길 수는 없다. 좋아서 스스로 하는 사람과 외적 보상 때문에 하는 사람이 어떻게 같을 수 있겠는가? 비교 자체가 불가능하다. 스스로 좋아서 하는 사람은 피곤함을 잊고 밤새 일할 수 있지만 보상 때문에 하는 사람은 항상 피곤하고 힘들다. 일이 재미없기는 두말하면 잔소리다. 보상은 좋아하던 일도 싫게 만드는 마법 같은 힘을 가지고 있다.

주었다가 다시 빼앗는 것보다
나쁜 건 없다

앞의 실험 조건에 의문을 갖는 독자가 있을 수 있다. 아이들은 보상 프로그램이 실행되자 실행되기 전과 비교해 수학 게임에 훨씬 더 많은 시간을 썼다. 그러니 보상 프로그램을 중단하지 않고 계속 운영한다면 아이들의 동기가 계속 높게 유지되지 않을까 하는 생각을 가질 수 있다.

그러나 이 실험에서 보상 프로그램을 중단한 조건은 아주 중요한 절차다. 보상으로 내적인 동기가 외적인 동기로 치환되는 과정을 적나라하게 보여주기 위해서다. 보상을 주었다가 빼앗았을 때 아이들이 수학 게임에 투자한 시간과, 보상이 없었을 때 수학 게임에 투자한 시간을 비교하는 게 이 실험의 핵심이다. 이 두 조건은 보상이 없다는 측면에서 같다. 그런데도 보상을 주었다가 빼앗았을 때 수학 게임에 투자하는 시간이 현저하게 줄었다는 것은 보상 경험이 내적 동기를 낮춘다는 것을 적나라하게 보여준다.

그러니 아이들에게 보상을 주었다가 다시 빼앗을 거면 처음부터 안 주는 게 낫다. 보상 자체가 이미 내적 동기를 심각하게 훼손하기 때문이다. 아이의 행동과 성과(성적)에 따라 보상을 주었다가 뺏기를 반복하는 부모가 많다. 나름 상과 벌을 적절하게 이용해 아이들의 동기를 조절할 수 있다고 생각하지만, 이런 생각은 틀렸다. 상을 주었다가 뺏으면 아이들의 내적 동기는 상을 주기 전보다 훨씬 더 떨어진다. 도리어 보상받기 전에 하던 만큼도 안 한다. 그렇기 때문에 보상 프로그램을 중단하지 않고 계속 운영하면 아이들의 동기가 계속 높게 유지되지 않겠느냐는 질문에 대한 답은 '아니오'다. 여기에는 두 가지 문제가 있다.

첫 번째 문제는 보상 프로그램이 실행되는 순간 내적 동기가 외적 동기로 전환된다는 데 있다. 더 이상 좋아서 하는 일이 아니고 보상받기 위해 억지로 하는 일이 되어버리는 것이다. 그러면 그 일의 성과를 기대하기 어렵다. 내적 동기를 가지고 일하는 것과 외적 동기를 가지고 일하는 것에는 성취동기와 성취 측면에서 엄연한 차이가 존재한다. 특히 장기적인 측면에서 보면 내적 동기가 있을 때 성취동기와 성취가 더 높을 수밖에 없다. 물론 외적인 보상이 주어졌을 때 단기적으로는 보상받는 일을 더 열심히 할 수 있다. 그것이 외적 동기라 할지라도 말이다.

토큰 교환 프로그램 실험에서 확인했던 것처럼 아이들은 보상이 없을 때보다 보상이 주어졌을 때 수학 문제를 훨씬 더 많이 풀었다. 하지만 이런 효과를 장기적으로 기대하기는 어렵다. 보상받기 위해 억지로 하는 외적 동기에 기초를 두고 있기 때문이다. 거꾸로 보상과 상관없이 내적 동기를 가지고 좋아서 하는 일은 누가 시키지 않아도 시간 가는 줄 모르고 하게 된다. 별로 피곤함을 느끼지도 않고 시간만 나면 그 일을 한다. 외적 동기로 무장한 사람이 내적 동기가 충만한 사람을 이길 수는 없다.

두 번째 문제는 사람들이 보상에 대해 쉽게 적응한다는 데 있다. 보상이 실행되면 처음에는 폭발적인 인기를 누리지만 절대로 오래가지 않는다. 아이들은 신기할 정도로 보상에 즉각적으로 적응해 버린다. 시험을 잘 볼 때마다 10만 원의 용돈을 준다고 해보자. 처음에는 10만 원을 받고 뛸 듯이 좋아하겠지만 두 번째 받을 때는 그 감동이 처음 같지 않다. 시간이 갈수록 보상이 주는 기쁨은 약해지고 급기야는 10만 원의 보상을 당연히 받아야 하는 거라고 생각한다. 호의가 계속되면 권리인 줄 아는 것과 같다.

아이들의 마음은 보상에 너무나도 쉽게 적응하고, 혹시라도 보상을 못 받으면 분통을 터트린다. 보상을 기본값으로 설정해 버렸기 때문이다. 이런 상황이 되면 보상은 더 이상 제 역할을 하지 못한다. 그래서 보상받지 못하면 좌절하고 분노한다. 때로는 보상 시스템 자체를 비난하는 수준까지 발전한다. 그래서 보상을 계속한다고 해서 동기가 유지되는 게 아니다. 토큰 교환 프로그램도 마찬가지다. 처음에는 아이들이 토큰을 받기 위해 열심히 수학 문제를 풀겠지만, 시간이 지나면 지날수록 그 열정이 눈에 띄게 줄어든다. 토큰으로 얻을 수 있는 기쁨의 수준이 확연히 줄기 때문이다.

◆ 보상 수준을 올려도
  내적 동기는 유지되지 않는다

보상을 주었다가 뺏으면 내적 동기가 내려가며, 더 나아가 보상을 같은 수준으로 계속 유지해도 이미 외적 동기로 치환된 상태여서 보상에 대한 적응 문제로 내적 동기를 유지할 수 없다. 이 주장에 어떤 분은 "보상 수준을 순차적으로 올리면서 동기를 부여하면 되지 않을까요?"라고 되물을 수 있다. 설득력 있는 의문이다. 물론 아이들의 내적 동기가 외적 동기로 치환된 것은 어쩔 수 없지만, 그렇더라도 보상의 수준을 순차적으로 계속 올리면 아이들의 동기를 적정한 수준으로 유지할 수 있지 않을까 하는 것이다. 어차피 대학교에 입학할 때까지만 열심히 공부하게 하면 되는 거니까 그때까지만이라도 외적 동기를 유지할 수 있다면 문제가 되지 않을 거라고 생각하는 것이다.

그러나 이 방법 역시 문제가 있다. 우리 딸은 중학생이었을 때 아이폰을 가지고 싶어 했다. 하지만 공부는 그렇게 좋아하지 않았다. 그래서 나는 보상을 주기로 결심했다. 딸이 중간고사에서 약속한 점수를 받으면 중고 아이폰을 사주겠다고 했다. 보상이 성공적으로 작동했다. 딸은 약속한 점수를 받았고 나는 딸에게 중고 아이폰을 사주었다. 그런데 그다음이 걱정이었다. 기말고사를 위해 나는 딸과 또 다른 보상을 약속해야 했다. 딸아이는 중고 아이폰 때문에 공부를 한 것이니 또 다른 보상이 필요했다. 그렇다고 같은 수준의 보상을 줄 수는 없었다. 그러면 동기부여가 되지 않을 게 분명했다.

그래서 나는 신상 아이폰을 사주기로 약속했다. 사실 신상으로 아이폰을 사주는 게 부담스러웠지만, 성적을 올릴 수만 있다면 그 정도는 할 수 있다고 생각했다. 다행인지 불행인지 딸은 약속한 점수를 받지 못했고 나는 신상 아이폰을 사주지 않아도 되었다. 하지만 기말고사에서 약속한 점수를 받았더라도 나의 고민은 계속되었을 것이다. 딸의 동기를 유지하기 위해서는 신상 아이폰보다 더 매력적인 보상이 필요했을 테니 말이다.

문제의 핵심은 현실에서 보상의 수준을 순차적으로 계속 올릴 수 없다는 점이다. 처음에는 중고 아이폰을 사주고 그다음에는 신상 아이폰을 사준다고 하자. 그다음에는 뭘 사줘야 할까? 신상 노트북을 사준다고 해보자. 그다음은 뭐가 될 수 있을까? 자동차? 그다음은 집? 어디까지 그리고 언제까지 보상 수준을 올릴 수 있겠는가. 현실에서는 재원의 한계가 있어서 절대로 보상의 수준을 순차적으로 올릴 수 없다. 그래서 회사에서 지급하는 보상도 항상 비슷한 수준으로 유지된다. 물가 상승률에도 못 미치는 수준에 머물러 있는 경우가 태반이다. 때에 따라서는 보상액이 낮아지기도 한다. 하지만 계속 주장했듯이 보상 금액이 그대로 유지되거나 낮아지면 보상의 의미는 점점 퇴색한다. 결국 보상을 위한 재원만 소비하는 꼴이며, 돈만 쓰고 득 되는 게 아무것도 없는 셈이다. 더 솔직하게 이야기하면 돈을 실컷 쓰고 내적 동기만 낮추는 결과를 초래한다.

◆ 기대하지 않은 보상에도
　내적 동기는 떨어진다

이 장을 시작하며 소개했던 '그림그리기' 실험을 떠올려보자. 두 번째 조건에 배정된 아이들도 첫 번째 조건에 배정된 아이들처럼 그림을 그린 뒤 보상을 받았다. 하지만 그림그리기 활동을 하기 전 보상에 대한 정보를 전혀 듣지 못한 상태여서 보상 때문에 그림그리기를 하고 있다고 생각할 수 없었다. 그러니 아이들은 그림그리기를 '일'로 생각하지 않았고 여전히 본인이 좋아서 그림그리기를 하고 있다고 추론했다. 그래서 2주 뒤 자유 시간이 주어졌을 때 스스럼없이 그림그리기를 선택할 수 있었다.

이 결과를 보고 센스있는 독자들은 "그럼 과제가 끝난 뒤 보상을 기대하지 않게 주면 되는 거 아닌가요?"라고 말할 수 있다. 기대하지 않게 보상을 주면 내적 동기가 낮아질 이유가 없기 때문이다. 하지만 이 방법도 장기적으로는 문제가 있다. 높은 성적을 받은 아이에게 기대하지 않게 보상을 주었다고 가정해 보자. 높은 성과에 대한 깜짝선물로 차후에 준 것이다. 하지만 한 번 보상을 받은 아이는 '다음에도 성적이 높으면 보상을 받겠구나'라고 생각하게 된다. 보상에 대한 기대가 생기는 것이다. 이 상황이 되면 이미 두 번째 조건은 첫 번째 조건으로 변한다. 그러면 아이는 그다음부터는 보상받기 위해 공부한다고 추론할 수밖에 없다. 그래서 기대하지 않게 깜짝선물처럼 보상을 주더라도 장기적으로는 보상이 아이의 내적 동기를 떨어트릴 수밖에 없다.

그러면 어떻게 보상을 제공해야 할까? 방법이 없는 것은 아니다. 성과와 상관없이 보상을 제공하면 된다. 그러면 보상받기 위해 일한다고 추론할 수가 없고 내적 동기가 낮아질 이유도 없다. 하지만 이런 보상은 현실에서 의미가 없다. 그건 보상이 아니다. 일의 성과와 상관없이 주어지는 보상이 무슨 의미가 있겠는가? 한마디로 정리하면 보상은 공지되는 시점과 상관없이 결국 내적 동기를 깎아내릴 수밖에 없다. 보상의 목적이 내적 동기를 올려 더 높은 성과를 창출하는 거라면 이 목표는 절대 실현될 수 없다.

보상에는 일반적으로 조건이 따른다. 특정한 조건을 충족했을 때만 보상을 주는 게 일반적이다. 그래서 부모가 보상을 걸어도 아이가 항상 보상을 받는 것은 아니며 보상을 받지 못하는 경우가 훨씬 많다. 그룹을 대상으로 보상을 제공할 때도 마찬가지다. 조건을 충족한 학생들만 받고 대부분의 학생은 보상을 받지 못한다.

그러면 어떤 경우에 부모가 아이들에게 보상을 줄까? 아이가 공부를 열심히 했거나 어려운 과제를 성공적으로 완수했거나 성과(성적)가 뛰어났을 때다. 물론 그룹을 대상으로 했을 때도 같은 조건들이 제한으로 따른다. 모든 사람에게 똑같은 수준의 보상을 지급하면 보상은 보상의 의미를 완전히 상실한다. 그래서 보상은 특수한 조건을 충족했을 때만 제공될 수밖에 없다. 그러면 보상을 받지 못하는 아이에게는 어떤 변화가 생길까? 조건을 충족하지 못했다는 현실을 인정하고 받아들일까? 보상 여부와 상관없이 하던 일을 예전처럼 계속 열심히 할까? 전혀 그렇지 않다.

고등학생 다민이는 공부에 대한 내적 동기가 10점 만점에 7점 정도였다. 아주 높은 수준도 아니었고, 그렇다고 아주 낮은 수준도 아니었다. 그냥 평균 학생의 내적 동기 수준이었고, 중간고사 성적은 내신 4등급 정도였다. 엄마는 다민이가 열심히 공부해 기말고사에서 내신 3등급이 되면 중고 아이폰을 사주고, 내신 2등급이 되면 신상 아이폰을 사주겠다고 약속했다. 다민이는 당연히 평소보다 열심히 공부했다. 아이폰을 갖고 싶었기 때문이다. 하지만 안타깝게도 다민이는 기말고사에서 내신 4등급을 받았다. 결국 중고 아이폰은 받지 못했다.

기말고사 후 다민이의 공부에 대한 내적 동기는 어떻게 변했을까? 첫 번째 주목해야 할 변화는 다민이의 공부에 대한 내적 동기가 엄마가 보상을 약속하기 전보다 더 떨어졌다는 점이다. 보상이 없을 때는 10점 만점에 7점 수준의 내적 동기로 공부에 임했으나 기대하던 아이폰을 받지 못하자 다민이의 공부에 대한 내적 동기는 4점 수준까지 떨어졌다.

단지 아이폰을 받지 못한 실망감 때문에 내적 동기가 떨어진 것은 아니다. 다민이에게는 더 이상 열심히 공부할 이유가 없어졌다. 지난 몇 개월 동안 공부의 목적이 아이폰이었기 때문이다. 아이폰이라는 목적이 없어지자 다민이는 더 이상 공부에 대한 동기를 찾지 못했다. 중간고사 때까지 가지고 있던 공부에 대한 내적 동기는 이미 아이폰이라는 외적 동기로 치환된 상태다. 결국 다민이에게 공부는 재미없는 일이 되어버렸다. 이 모든 과정은 아이폰이라는 보상이 만들어 낸 결과다.

다민이는 앞으로도 공부를 열심히 하지 않을 것이다. 혹시라도 어떤 독자는 다민이가 '이번 기말고사에서는 아깝게 아이폰을 선물로 받지 못했지만, 열심히 공부해서 다음 학기 중간고사에서는 꼭 내신 2등급을 받아서 신상 아이폰을 받아야지!'라고 생각할 거라고 믿을 수 있다. 물론 다민이가 그렇게 생각할 수도 있다. 하지만 그럴 확률은 낮다. 거기에는 두 가지 이유가 있다. 첫째는 다민이가 아이폰이라는 보상으로 이미 공부에 대한 내적 동기를 상실했기 때문이고, 둘째는 보상을 위해 열심히 공부했는데도 내신 4등급을 받았으니 다음 학기에 열심히 해도 2등급이나 3등급을 받기 어렵다는 것을 자신이 이미 알고 있기 때문이다.

◆ 조건이 걸리는 순간,
　순수하게 노력하는 아이는 없다

이 장에서 계속 설명하는 것처럼 보상 시스템이 작동하는 순간 모든 아이의 내적 동기는 떨어진다. 보상 시스템 전에 가지고 있던 내적 동기가 외적 동기로 치환되기 때문이다. 보상을 받은 아이도 내적 동기가 떨어지고, 보상을 받지 못한 아이도 내적 동기를 잃는다. 보상은 학교, 가정 등 다양한 장소에서 다양한 형태로 아이들에게 주어진다. 높은 성적이 보상으로 작동되기도 하고, 칭찬과 명예라는 이름으로 주어지기도 하며, 좋은 대학교 입학이라는 결과로 주어지기도 한다.

　보상이 주어지는 순간 아이들은 공부를 즐기지 못하게 된다. 보상 외에는 공부에 아무런 의미를 못 느끼며 그냥 보상을 위해 달리고 달릴 뿐이다. 계속 보상을 받는다고 해서 기분 역시 계속 좋아지는 것도 아니다. 보상에 금방 적응해 버리기 때문이다. 또한 보상을 받은 아이들은 '혹시라도 다음에 보상을 받지 못하면 어떡하지?' 하는 두려움에 떨어야 한다. 긴장감과 부담감을 안고 하루하루를 살아낸다. 이미 이런 아이들은 보상의 노예로 전락한 지 오래다.

　성적이 좋지 않아서 기대한 보상을 받지 못하면 아이들은 절망과 슬픔으로 고통받는다. 보상을 받는 날이 특별한 날이 아니고 보상을 받지 못한 날이 특별한 날이 되어버린다. 얻는 것은 없고 잃을 것만 계속 생겨나는 상황이다. 공부를 잘하는 아이들이 힘들어하는 부분이기도 하다. 어떻게 보면 보상받지 못하는 아이들보다 훨씬 더 고통스럽고 힘든 삶이 될 수 있다. 특히 최상위권 아이들은 항상 보상받지 못하는 상황을 염두에 두고 자신과 싸운다. 혹시라도 최상위권을 유지하지 못하는 상황을 맞이한다면 그 누구보다도 괴로운 나날을 보내야 하기 때문이다.

보상받지 못하는 아이들의 상황도 처참하기는 마찬가지다. 보상으로 이미 내적 동기를 잃고 나면 더는 공부할 동기를 찾기 힘들다. 어차피 보상을 위해 몇 번 열심히 공부해 봤기 때문에 또다시 열심히 공부한다고 해서 보상을 받을 거라는 믿음도 없다. 어차피 내적 동기도 없는 상황이라면 포기가 가장 쉬운 선택일 것이다.

지금까지 살펴본 것처럼 보상 시스템으로는 얻을 게 거의 없다. 아이들의 내적 동기를 훼손할 뿐이다. 원래 공부하기를 좋아하던 아이까지 공부를 싫어하게 하는 마력을 가지고 있으니, 이런 식의 보상을 어디에 쓰겠는가? 결국 보상은 내적 동기 하락을 매개 삼아 모든 아이의 즐거움과 성취동기를 앗아간다. 감당해야 할 손실만 커질 뿐이다.

보상을 효과적으로 사용하는
단 2가지 방법

보상이 아이들에게 효과적일 때도 있을까? 물론 있다. 첫째는 애초부터 하는 일에 대한 내적 동기가 없을 때다. 과잉 정당화 효과에 의하면 보상이 내적 동기를 낮추는 경우는 이미 스스로 일을 즐겁게 하고 있을 때다. 지금까지 논의한 실험을 살펴보면 실험에 참여한 아이들은 보상을 받기 전부터 관련한 일을 즐기고 있었다. '그림그리기 실험'도 그렇고 '토큰 교환 프로그램 실험'도 그랬다. 그림그리기를 이미 좋아하는 아이들에게 그림그리기를 열심히 하면 보상을 주겠다고 약속했고, 수학 게임을 이미 좋아하는 아이들에게 수학 게임을 열심히 하면 보상을 주겠다고 약속했다.

◆ **의욕이 없는 아이에게는**
   의욕을 심어줄 수 있다

그러면 처음부터 내적 동기가 없는 일에 대해 보상을 주면 어떨까? 아이들은 다양한 이유로 특정한 활동을 싫어하는 경우가 많다. 성격적인 이유도 있고, 환경적인 이유도 있을 수 있다. 평소 운동을 싫어해서 어차피 운동에 대한 내적 동기가 없는 아이가 있다고 하자. 이 아이는 당연히 운동을 안 할 것이다. 그러면 이 아이가 운동을 하면 보상을 주는 것은 어떨까? 이때는 보상을 주어서 잃을 게 없다. 어차피 하기 싫어하는 일이고 하지도 않는 일이기 때문에 이런 경우에는 보상이 아이들에게 좋은 영향을 미칠 수 있다.

과체중인 아이가 보상을 받기 위해 억지로라도 운동하다가 혹시라도 체중을 줄이는 데 성공하면 어떤 일이 발생할까? 물론 체중 감소에 대한 기쁨도 크겠지만 아이는 운동에 대한 새로운 시각과 태도를 가지게 된다. 운동에 대한 재미를 느낄 수도 있고, 그로 인해 운동을 지속할 수도 있다. 아이는 이전까지 운동을 해보지 않았기 때문에 운동의 매력과 힘을 느끼지 못했을 뿐이다. 그래서 내적 동기가 낮은 사람에게는 보상이 나쁜 것만은 아니다. 운이 좋으면 보상의 혜택을 누릴 수 있다.

수학을 엄청나게 싫어하는 아이가 있다고 하자. 당연히 수학 공부도 열심히 하지 않는 아이다. 이 아이에게 수학 공부를 열심히 하게 할 보상을 주면 어떤 일이 발생할까? 첫째, 이 아이는 보상 때문에라도 수학 공부를 열심히 하게 될 것이다. 억지로라도 하면 일단 아이에게 좋은 일이다. 어차피 공부하지 않을 아이였기 때문이다. 둘째, (혹시라도) 보상이 잘 작동해서 이 아이가 수학을 열심히 하고 그 과정에서 수학 성적이 오르면 더할 나위 없이 좋은 일이다. 셋째, 수학 성적이 올라가 공부에 재미를 느끼게 된다면 이보다 더 좋은 일이 없다. 그러면 수학에 대한 내적 동기가 생기고 수학에 대한 자신감도 덤으로 얻을 수 있다. 결국에는 보상이 없더라도 수학 공부를 열심히 하게 된다.

아이들이 특정한 일에 내적 동기가 없는 이유 중 하나는 경험해 보지 않아서인 경우가 많다. 별 뜻 없이 재미없을 거라고 생각하기도 하고, 자기에게는 잘 안 맞는 일이라고 지레 단정 짓기도 하며, 한번 시도해 보고 결과가 안 좋으면 바로 포기해 버리기도 한다. 여러 번 시도하고 경험해 보면 재능이 있다는 것을 알 수도 있고 좋아하는 일이라고 깨달을 수도 있는데 말이다. 하지만 편견과 아집 때문에 스스로 그런 일을 시작하기가 쉽지 않다.

이런 경우 매력적인 보상 때문에 몇 번 시도했다가 재능과 흥미를 발견한 아이들이 생각보다 많다. 그러다가 진로를 완전히 바꾸는 경우도 있다. 그래서 내적 동기가 낮은 사람에게는 보상이 도움이 될 수 있다. 아이가 싫어하는 일이 있는데 그 일을 해보게 하고 싶거나 (싫어도) 해야 하는 일이라면 보상 방법을 사용해 보는 것도 괜찮다.

◆ 정해진 시간 내에 빠르게 끝내야 할 때
　보상이 필요하다

보상이 효과적인 두 번째 경우는 급하게 끝내야 할 일이 있을 때다. 현대 사회에서는 급하게 끝마쳐야 하는 일도 있고, 과제가 많아서 내적 동기가 작동할 때까지 기다릴 수 없는 경우도 많다. 아이들도 마찬가지다. 그런데 이런 일들이 특히 아이가 싫어하는 것이라면 외적 동기라 할지라도 충분한 보상이 도움이 될 수 있다. 보상을 통해서라도 그 일을 완료해야 하기 때문이다. 그렇지 않고서는 시간 내에 그 일을 완료할 방법이 없다.

그런데 한 가지 지켜야 할 조건이 있다. 그 일이 단기적으로 완전히 끝나야 한다는 것이다. 그 일이 장기적으로 이어지거나 연속적인 형태로 주어진다면 지금까지 논의한 것처럼 보상은 더 큰 문제를 불러온다. 외적 동기는 오랜 시간 동안 지속되기 힘들뿐더러 보상받기 위해 하는 일은 결국 아이가 싫어하는 일이 되기 때문이다. 그렇지 않아도 하기 싫은 일인데 보상을 받기 위해 한다는 생각이 들면 그 일을 하는 게 더 괴롭고 힘들 수밖에 없다.

◆ 어떤 종류의 보상이든
　아이의 의욕을 이끌어 내지 못한다

로체스터대학교 심리학과에 재직 중이던 에드워드 데시Edward Deci 교수는 1999년에 내적 동기에 관련한 기념비적 논문을 발표했다.[16] 지금까지 학계에서 1만 5,000번 이상 인용되었을 정도로 영향력 있는 논문이다. 데시 교수는 보상의 효과와 관련해 기존에 출판된 128개의 논문을 종합적으로 분석한 뒤 최종 결과를 발표했다. 그가 내린 최종 결론은 "실체가 있는 보상은 어떤 형태든 내적 동기를 낮춘다"라는 것이었다. 내적 동기를 낮춘다는 의미는 보상이 주어지는 일을 결국 싫어하게 된다는 뜻이다.

데시 교수에 의하면 우리는 세 가지 경우에 보상을 준다고 한다. 첫째는 열심히 할 때고, 둘째는 과제를 성공적으로 마무리했을 때이며, 셋째는 훌륭한 성과를 보일 때다. 이 모든 경우에 보상은 내적 동기를 떨어트린다는 게 데시 교수의 최종 결론이다. 부모가 아이에게 보상을 줄 때도 마찬가지다. 첫째는 "엄마는 네가 잘하는 거 원하지 않아. 네가 최선을 다하면 그걸로 만족해. 열심히만 하면 네가 원하는 거 사줄게"라고 하는 경우다. 둘째는 "네가 이 문제집을 끝내면 원하는 거 사줄게"라고 하는 경우다. 셋째는 "네가 이번 시험에서 90점 이상 받으면 원하는 거 사줄게"라고 하는 경우다. 안타깝게도 이런 종류의 보상 때문에 아이들이 공부를 싫어하게 된다는 게 데시 교수의 최종 결론이다.

아이를
자립하게
만드는 힘

03

아이가 "난 엄마를 위해서 공부하는 거야!"라고 말하면 엄마의 마음은 어떨까? 기특하다고 생각하는 엄마도 있겠지만 대부분은 "네가 무슨 나 때문에 공부해? 너를 위해서 공부하는 거지!"라고 반박할 것이다. 아이가 하는 말에 마음이 불편할 수도 있다. 엄마의 욕심을 채우기 위해 자기에게 공부를 시켰다고 생각하는 아이를 마주하고 어떻게 마음이 좋을 수 있겠는가. 하지만 엄마가 칭찬으로 아이를 조작하면 아이는 그렇게 생각할 수밖에 없다. 엄마를 기쁘게 해주기 위해 공부한다고 추론할 수밖에 없기 때문이다.

엄마의 칭찬이
아이의 의욕을 떨어트린다

보상의 역효과에 대한 나의 주장에 "그러면 보상은 하지 말고 '잘했다!' 라는 칭찬만 하면 어떨까요?"라고 질문하시는 분들이 많다. 열심히 공부하는 아이에게 부모가 "와, 너 진짜 열심히 했구나. 멋지다! 보기 좋아!" 라고 말하면 아이에게 동기부여가 될 수 있다고 믿기 때문이다. 아이가 어려운 과제를 성공적으로 완성했을 때 "과제를 성공적으로 잘 끝냈구나. 너무 잘했어. 네가 자랑스러워!"라고 말할 수 있다. 또는 아이가 좋은 성과를 냈을 때 "네가 정말 훌륭한 성과를 얻었구나. 최고다, 최고야!"라고 말할 수 있다. 일상생활에서도 이런 칭찬은 쉽게 접한다. 어려운 상황에 있는 사람을 못 본 체하지 않고 도와준 아이를 보며 "너 정말 착한 아이구나! 정말 좋은 일을 했어! 앞으로도 좋은 일 많이 하면 좋겠구나"라고 말할 수 있다.

보상과 다르게 이런 칭찬은 아이들의 내적 동기를 끌어 올릴 수 있다고 생각한다. 보상과는 달리 칭찬은 미리 공지할 수 없으니 칭찬받기 위해 일한다고 추론하지 않을 거라고 생각하는 것이다. 즉, 과잉 정당화 효과에 해당하지 않을 수 있다. 하지만 데시 교수와 동료들은 말로 하는 칭찬도 내적 동기를 약화시킬 수 있으며, 특히 아이들에게는 더 치명적일 수 있다고 경고한다. 이유는 간단하다. 한 번 칭찬을 받으면 그 칭찬은 그다음 행동을 위한 보상이 되기 때문이다. 칭찬받은 행동을 다시 하면 또다시 칭찬받을 수 있다는 추론을 하게 되고, 그다음부터 아이들은 칭찬받기 위해 그 일을 하게 된다. 스스로 좋아서 자유롭게 하던 행동이었음에도 말이다.

많은 부모가 이미 이 과정을 아주 잘 알고 있다. 그래서 전략적으로 일부러 칭찬하는 부모도 많다. 칭찬을 통해 아이가 특정 행동을 더 많이 하도록 부추기며 조작하는 것이다. 물론 단기적으로는 성공할 수 있다. 하지만 여기서도 보상의 경우와 똑같은 문제가 발생한다. 칭찬받은 뒤로는 일에 대한 동기의 원천이 달라진다. 예전에는 아이가 스스로 좋아서 선택한 행동이었지만 이제는 더 이상 그렇지 않다. 그냥 칭찬받기 위해 그 일을 할 뿐이다. 칭찬과 함께 일에 대한 내적 동기가 외적 동기로 치환되는 것이다.

칭찬으로 내적 동기가 외적 동기로 치환되었을 때 단기적으로는 그 일을 더 열심히 할 수 있다. 하지만 문제는 그때부터 그 일을 싫어하게 된다는 점이다. 칭찬과 인정을 받기 위해 그 일을 억지로 하게 되기 때문이다. 더 큰 문제는 외적 동기는 상황적 요인에 취약하다는 점이다. 기대하던 칭찬과 인정이 주어지지 않으면 아이는 크게 실망하고 낙담한다. 설령 칭찬받더라도 기대만큼 칭찬이 주어지지 않으면 역시 아이는 실망한다. 그래서 칭찬받을 수 있는 상황이 예측되지 않으면 아이는 그 일을 하지 않으려 한다. 더 정확하게 말하면 그런 상황에서는 그 일을 해야 할 필요성을 느끼지 못하는 것이다. 이미 아이는 칭찬과 인정을 받기 위해 그 일을 하고 있기 때문이다. 이런 과정을 거치면서 아이는 칭찬받은 일 자체에 대한 내적 동기를 잃게 되고, 칭찬과 인정이라는 외적 동기만 초라하게 남겨질 뿐이다.

부모는 칭찬을 통해 아이에게 동기부여를 하려 한다. 가장 대표적인 동기부여 전략이다. 하지만 부모의 칭찬은 아이의 내적 동기를 앗아가고 아이는 칭찬의 노예로 전락한다. (본인이 원해서가 아닌) 칭찬을 받기 위해 특정한 행동을 할 테니 말이다. "이렇게 하든 저렇게 하든 아이가 부모가 원하는 행동을 하면 성공한 거 아니에요?"라고 반문할 수 있다. 하지만 아이가 특정한 행동을 하느냐 하지 않느냐보다 중요한 것은 왜 하느냐에 있다. 행동의 이유를 통해 아이의 행동을 훨씬 더 잘 예측할 수 있기 때문이다. 이미 외적 동기로 치환된 상태에서(칭찬이 행동의 이유인 상황에서) 아이는 기본적으로 칭찬을 갈구하게 되고, 칭찬이 예상되지 않으면 그 특정 행동을 하지 않는다. 칭찬이 내적 동기를 파괴한 것이다. 칭찬으로 절대 아이를 조작해서는 안 된다.

◆ 엄마를 위해 공부하는 아이들

아이의 행복과 성공을 위해 희생적인 삶을 사는 엄마와 아빠가 많다. 대부분의 부모는 그렇게 산다. 하지만 아이들도 엄마와 아빠의 행복을 위해 공부한다. 우리 딸이 고등학교 1학년 때 엄마에게 "엄마, 내가 XX대학교 합격해서 엄마를 행복하게 해줄게"라고 말하는 것을 들은 적이 있다. 딸의 말을 듣고 행복해하던 아내의 모습을 잊을 수가 없다. 본인이 좋아서 스스로 열심히 하는 게 아니고 엄마의 행복을 위해 공부한다는 말이었다. 우리 딸만 그런 게 아니다. 대부분의 아이가 엄마를 위해 공부한다.

그것이 뭐가 문제냐고, 기특한 것 아니냐고 반문할 수도 있다. 하지만 엄마를 위해 공부한다는 것은 이미 공부의 이유가 외적 동기에서 비롯되었다는 것을 뜻한다. 그래서 공부하는 일이 싫을 수 있다. 억지로 하는 일이 되기 때문이다. 더 큰 문제는 대학에 들어오면 공부에 큰 관심을 보이지도, 열심히 공부하지도 않는다는 점이다. 엄마의 행복이라는 목적을 달성했기 때문에 공부할 이유가 없어진 것이다. 그래서 대학에 입학하면 많은 학생이 이리저리 방황한다. 당연히 공부에 대한 열정은 찾아보기 힘들다.

아이들은 왜 엄마를 위해 공부하게 되었을까? 공부에 대한 엄마의 칭찬과 꾸중이 주범이다. 좋은 성적을 받아올 때마다 엄마는 아이를 칭찬한다. 그리고 기뻐하는 모습을 보인다. 엄마의 칭찬과 즐거워하는 모습이 아이에게 보상으로 작용하는 것이다. 그렇게 보상을 몇 번 받으면 아이는 또 다른 보상을 받기 위해 더 열심히 공부한다. 그런 과정에서 아이는 보상받기 위해 공부한다고 추론할 수밖에 없다. 엄마의 인정, 엄마의 칭찬, 엄마의 기쁨, 엄마의 소원, 집안의 자랑, 학교의 자랑 이 모든 게 형태는 다르나 보상이라는 측면에서는 다 같은 성격을 지닌다. 원래는 자기가 좋아서 스스로 공부했는데도 말이다.

아이가 엄마를 위해 공부하다 보면 공부 자체에 큰 의미를 두지 않는다. 공부는 엄마의 행복과 칭찬이라는 보상을 받기 위한 수단에 불과할 뿐이다. 그래서 대학에 입학하고 나면 공부에 대한 열정을 잃고, 학점이나 졸업, 취업 같은 또 다른 보상을 위해 공부한다. 이미 공부하는 이유가 외적 보상으로 치환된 지 오래기 때문에 공부에 대한 내적 동기를 찾기 어렵다. '공부가 재미있니?'라는 질문이 우습기까지 하다. 누가 공부를 좋아서 한단 말인가? 대학원에 입학하겠다는 학생들도 마찬가지다. 공부가 재미있느냐고 물어보면 "그리 싫지는 않아요"가 가장 흔한 답변이다. 스스로 원해서 한 게 아니고 어렸을 때부터 외적 보상을 받기 위해 했기 때문이다. 대학교 입학을 위해서건, 엄마를 위해서건 다 마찬가지다.

아이가 "난 엄마를 위해서 공부하는 거야!"라고 말하면 엄마의 마음은 어떨까? 기특하다고 생각하는 엄마도 있겠지만 대부분은 "네가 무슨 나 때문에 공부해? 너를 위해서 공부하는 거지!"라고 반박할 것이다. 아이가 하는 말에 마음이 불편할 수도 있다. 엄마의 욕심을 채우기 위해 자기에게 공부를 시켰다고 생각하는 아이를 마주하고 어떻게 마음이 좋을 수 있겠는가.

하지만 엄마가 칭찬으로 아이를 조작하면 아이는 그렇게 생각할 수밖에 없다. 엄마를 기쁘게 해주기 위해 공부한다고 추론하게 되기 때문이다. 그런 과정을 통해 공부는 아이에게 재미없는 일이 되고 13년 동안 참고 견뎌야 하는 고된 일이 되어버린다. 결국 많은 아이들이 어린 시절부터 성년이 될 때까지 쉼 없이 하기 싫은 일을 하며 살아가게 되는 셈이다. 원래는 공부를 자기가 좋아서 하는 즐거운 일로 생각할 수도 있었을 텐데 말이다. 의도치 않게 엄마의 칭찬이 아이의 삶을 힘들고 고단하게 만드는 셈이다.

그리고 나중에 결과가 잘못되면 아이는 엄마 탓을 한다. 어렸을 때부터 아이는 엄마를 기쁘게 하려는 목적을 염두에 두고 수많은 결정을 했기 때문이다. 아이 처지에서는 엄마가 결과에 책임이 있다고 생각하는 게 당연하다. 엄마의 뜻과 의도에 따라 인생을 살아왔기 때문이다. 하지만 엄마 탓을 하는 아이를 보면서 정작 엄마는 어안이 벙벙하지 않을 수 없다. 엄마는 엄마대로 아이를 위해 살아왔기 때문이다. 모든 문제는 아이가 엄마를 기쁘게 하려고 살아왔다는 데 있고, 그 과정에 엄마의 칭찬이 있었다는 사실을 엄마가 어찌 알겠는가.

◆ 엄마의 기쁨이 아이의
   최대 인생 목표가 되어선 안 된다

마크 래퍼 교수는 1999년에 흥미로운 논문을 한 편 발표했다.[17] 지금까지 2,200번 이상 인용될 정도로 영향력 있는 논문이다. 초등학교 2학년, 3학년, 4학년에 재학 중인 아시아계 학생들과 미국계 아이들을 대상으로 '단어 조합 게임'을 하게 했다. 열다섯 개의 문제로 하나의 세트를 구성하고, 이런 세트를 여섯 개 준비했다. 아이들은 준비된 여섯 개의 세트 중 한 세트를 선택해 단어 조합 게임을 할 수 있다. 아이들은 한 개의 세트를 선택하기 전에 세 개의 실험 조건 중 한 조건에 무작위로 배정되었다.

첫 번째는 '개인 선택 조건'이며, 이 조건에 배정된 아이들에게는 다음과 같은 안내 사항을 전달했다. "여기에 여섯 개의 세트가 있는데 이 중에서 네가 원하는 세트를 아무거나 하나 골라서 문제를 풀면 돼."

두 번째는 '실험자 선택 조건'이며, 이 조건에 배정된 아이들에게는 다음과 같은 안내 사항을 전달했다. "여기에 여섯 개의 세트가 있는데 이 중에서 어떤 세트를 선택하면 좋을지 내가 알려줄게. 너는 이 세트를 하면 좋을 것 같아."

세 번째는 '엄마 선택 조건'이며, 이 조건에 배정된 아이들에게는 다음과 같은 안내 사항을 전달했다. "우리가 네 어머니에게 먼저 여쭤봤는데, 어머니는 네가 여섯 개 세트 중에서 이 세트를 풀면 좋을 것 같다고 이야기하셨어."

그리고 모든 아이는 6분 동안 열다섯 개의 문제로 구성된 단어 조합 게임을 했다. 연구자들이 관심을 둔 부분은 어떤 조건에 배정된 아이들이 가장 많은 문제를 풀었을까 하는 것이다. 특히 동양 아이들과 서양 아이들 사이에서 의미 있는 차이가 있을지 궁금했다.

먼저 옆 그래프의 흰색으로 표시된 서양 아이들의 결과부터 살펴보자. 서양 아이들은 '개인 선택 조건'에서 월등한 성적을 보였다. 본인이 스스로 과제를 선택했을 때 가장 많은 문제를 풀었다. 하지만 실험자가 과제를 선택하거나 엄마가 대신 선택했을 때는 개인 선택 조건에 비해 50퍼센트의 성적도 거두지 못했다. 상상을 초월하는 큰 차이였다. 이 결과는 서양 아이들은 본인이 스스로 과제를 선택했을 때 가장 높은 성적이 나오며, 반대로 타인이 선택한 과제를 할 때는 동기가 급격히 떨어진다는 것을 의미한다. 엄마라 할지라도 달라지는 것은 없다. '엄마 선택 조건'과 '실험자 선택 조건' 사이에 아무런 차이가 없을 정도다. 서양 아이들의 입장에서는 엄마도 엄연히 타인이기 때문이다.

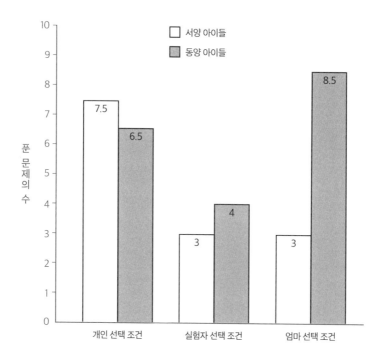

선택 조건과 푼 문제의 수

출처:Iyengar, S. S., & Lepper, M. R. (1999).

서양 아이들
동양 아이들

푼
문제의
수

7.5

6.5

3

4

3

8.5

개인 선택 조건   실험자 선택 조건   엄마 선택 조건

그러면 회색으로 표시된 동양 아이들의 결과는 어땠을까? 아주 흥미로운 결과가 나타났는데 이 아이들은 엄마가 선택해 준 과제를 했을 때 가장 높은 성적이 나왔다. 그다음 순서는 본인이 선택했을 때고, 가장 낮은 점수가 나온 조건은 실험자가 과제를 대신 선택해 주었을 때였다. 동양 아이들은 자기가 스스로 선택한 과제를 할 때보다 엄마가 선택한 과제를 할 때 훨씬 더 동기가 높았다는 점에 주목할 필요가 있다.

이 결과로 확인할 수 있는 또 다른 것은 '엄마 선택 조건'에서의 서양 아이들과 동양 아이들의 성적 차이다. 이 조건에서 동양과 서양 아이들의 차이가 극대화되어 있기 때문이다. 엄마가 선택한 과제를 했을 때 동양 아이들은 가장 높은 점수를 받았지만, 서양 아이들은 가장 낮은 점수를 받았다. 이보다 더 극적인 대비가 어디 있겠는가?

왜 이런 결과가 나왔을까? 동양 아이들은 왜 엄마가 선택한 과제에서 가장 높은 점수를 받았을까? 공부하는 이유가 동양 아이들과 서양 아이들이 다르기 때문이다. 동양 아이들이 공부하는 이유는 엄마를 기쁘게 해주기 위해서이며, 그것이 아이들의 인생 최대의 목표가 되어버린 것이다. 본인이 뭘 좋아하는지는 그리 중요하지 않으며, 본인이 선택한 것 역시 그리 중요하지 않다. 정말 중요한 것은 엄마의 선택이다. 엄마를 기쁘게 하는 게 가장 중요하기 때문에 엄마가 선택한 것을 잘해야 한다. 엄마의 칭찬과 인정이 동양 아이에게 얼마나 중요한 가치인지를 보여주는 실험이며, 완벽한 외적 동기의 발현이다.

"성적만 잘 받으면 되지 그게 무슨 상관인가요? 더군다나 엄마를 행복하게 하겠다는데 기특하고 착한 거 아닌가요? 요즘 그런 아이들이 어디 있어요?"라고 반문할 수 있다. 하지만 이것은 그런 차원의 이야기가 아니다. 엄마가 어렸을 때부터 칭찬과 인정으로 아이를 조작했음을 의미하기 때문이다. 어떻게 한 아이가 자라나면서 자기 인생의 목표를 엄마의 행복으로 삼을 수 있겠는가. 조작 없이는 절대로 불가능한 일이다. 어떻게 보면 이런 현상이 아름다워 보일 수도 있고, 가족이 원래 그래야 하는 게 아닌가 하고 생각할 수도 있다. 하지만 사실은 완벽한 심리적 조작일 뿐이다.

결국 칭찬이라는 보상으로 조작된 아이는 공부를 싫어하게 되고 즐기지 않게 된다. 이 아이에게 공부는 억지로 하는 '일'이 된다. 엄마의 조작으로 아이는 평생 하기 싫은 일을 하게 되는 것이다. 목적을 이루고 나면 공부를 피하게 되며, 공부에 대한 칭찬과 인정 그리고 보상이 보이지 않으면 더 이상 공부할 필요를 느끼지 못한다. 물론 아이는 성인이 되어서도 엄마의 조작에서 벗어나기 어렵다. 이미 조건화가 많이 진행되었기 때문이다. 엄마의 또 다른 인정과 칭찬이라는 보상을 찾아 고전분투한다. 그게 취직이든, 결혼이든, 연애든 상관없다. 어차피 목적은 엄마를 기쁘게 하는 것이기 때문이다. 한 아이의 인생에 이렇게 완벽하고 철저한 조작이 또 있을까? 나는 없다고 본다.

왜 우리 아이는
'아니요'라는 말을 하지 못할까

요즘 못된 아이들도 많지만 주위에 보면 착한 아이들도 많다. 그런데 이 아이들은 '아니요!'라는 말을 거의 하지 않는다. 가능하면 최대한 부모님 말씀에 순종한다. 성인이 되고 나서도 크게 달라지지 않는다. 최대한 자기 의견을 내세우지 않고 남의 의견에 동조하며 분란을 일으키지 않으려 한다. 희생적인 자세로 타인을 대하며 손해를 보더라도 가능하면 타인의 이익을 먼저 생각한다. 타인의 편의를 생각하는 게 습관화되어 있다. 일반적으로 주위 사람들이 이런 아이들이나 어른들을 착하다고 표현한다. 아마 이런 사람들은 어렸을 때부터 착하다는 이야기를 수백, 수천 번은 들었을 것이다. 요즘 사회에는 이기적인 사람들이 너무 많아서인지 이런 사람들이 더 있었으면 좋겠다는 생각도 든다.

그런데 문제는 정작 이 착한 아이들의 마음이 편치 않다는 사실이다. 타인을 배려하는 삶을 살고 있지만, 마음속에는 항상 불평불만을 품고 산다. 표현만 안 할 뿐 인간관계에서도 정신적 스트레스로 많이 힘들어하며, 그 정도가 착하지 않은 사람과 별 차이가 없다. 본인이 하고 싶은 말을 다하며 살기 때문에 착하지 않은 사람은 오히려 정신적 스트레스가 적다.

◆ 착한 아이가 되기 위해
　눈치를 보는 아이

엄밀하게 이야기하면 착한 아이들은 '아니요'라는 말을 하지 않는 게 아니라 못하는 것이다. 착한 아이들도 누구보다 '아니요'라는 말을 하고 싶다. 어쩌면 집에서는 혼자 '아니요'라는 말을 수십, 수백 번 연습했을 것이다. 속으로는 이미 천만번도 넘게 내뱉었을 것이다. 그러나 현실에서는 그 말을 입 밖으로 뱉을 수가 없다. 이유가 뭘까? 칭찬이라는 보상에 평생 조작당했기 때문이다. "너 너무 착하구나!"라는 말에 처음에는 기분이 좋았겠지만, 칭찬의 효과는 그 순간의 기분에만 머무르지 않는다. 착한 아이들은 '착한 아이'라는 칭찬을 듣기 위해 더 착한 행동을 하게 된다.

　착한 행동에 대해 칭찬이 주어지는 순간 착한 행동에 대한 내적 동기는 조금씩 힘을 잃는다. 착한 행동은 수단일 뿐이고 칭찬이 최종 목표가 되기 때문이다. 이렇게 시간을 보내다 보면 타인에게서 오는 칭찬과 인정이 인생 최대의 목적이 된다. 이때부터 착한 사람은 타인의 시선에 발목이 잡혀 자유로움을 잃어버린다. 어찌 보면 참으로 안타까운 상황이다. 타인의 시선에 조작된 사람이기 때문이다. 타인의 칭찬과 인정을 거부할 수도 없다. 착한 사람이라는 이미지가 이미 본인의 전부가 되어버렸고, 절대 포기할 수 없는 자아정체성이 되었기 때문이다. 그래서 착한 사람이라는 이미지를 잃어버릴까 전전긍긍하게 되고, 이런 우려와 걱정으로 더더욱 '아니요'라는 말을 꺼내지 못한다. '혹시라도 착한 사람으로 인정받지 못하면 어떡하지?'라는 두려움으로 항상 남의 눈치를 살피게 된다. 사실 다른 사람들은 별 관심이 없는데도 말이다.

　이런 착한 사람 덕분에 누군가는 편한 생활을 할지도 모르지만 착한 사람 본인은 괴로운 인생을 살게 된다. 사실 착한 것도 아니다. 칭찬을 듣기 전에는 정말 착했을 수도 있다. 하지만 칭찬받기 위해 행동하는 순간부터는 착한 아이가 아니라 그냥 이기적인 아이인 것이다.

　부모와 주위 사람들이 의도적으로 이 아이를 착한 아이로 조작한 것은 아니다. 좋은 마음으로 칭찬했을 확률이 높다. 그런 좋은 의도에도 불구하고 칭찬은 한 사람을 강력하게 조작할 수 있다. 어떤 부모는 칭찬을 통해 의도적으로 아이를 착한 아이로 조작하려 한다. 물론 조작이 행동 수정이라는 측면에서는 단기적 효과가 있을 수도 있다. 하지만 분명한 것은 아이가 순수한 동기로 부모 혹은 사람들이 원하는 행동을 하는 게 아니라는 사실이다. 칭찬받고 인정받고 싶어서 부모와 사람들 앞에서 그렇게 행동할 뿐이다. 이게 조작이 아니고 무엇이겠는가.

◆ 착한 아이 콤플렉스는
　부모가 만든다

착한 아이가 되면 좋지, 뭐가 문제냐고 아직도 반문하는 분이 있을 수 있다. 문제는 아이가 '착한 아이 콤플렉스'로 평생을 마음고생하며 살게 된다는 것이다. 아이는 독립적이고 자주적인 성인으로 성장하지 못하고 항상 남의 눈치를 보며 힘겹게 살게 된다. 진짜 착한 아이여서 스트레스가 없고 마음 편하면 아무 상관이 없겠지만 착한 아이 콤플렉스를 가진 아이들은 그런 경우가 아니다. 그냥 부모와 주위 사람들의 칭찬과 인정으로 조작당해 인위적으로 착한 아이가 된 것이다.

그런데 본인이 그렇다는 것을 알면서도 벗어날 수 없다는 게 더 큰 문제다. 착한 아이가 본인의 자아상이고 유일하게 내세울 수 있는 장점이라고 믿기 때문이다. 시간이 흘러 성인이 되어도 항상 착한 사람이라는 이미지를 잃지 않으려고 전전긍긍하며 힘겹게 살아간다.

아이들이 밖으로는 착하게 보여도 이런 마음으로 살고 있다는 것을 알고 나면 부모의 마음이 어떻겠는가? 그 과정에 부모의 칭찬이 있었다는 것을 깊이 되새길 필요가 있다. 아이들을 절대로 칭찬으로 조작해 착한 아이로 만들어서는 안 된다.

아이의 인생을 결정하는
자율성의 힘

보상은 내적 동기를 올리기는커녕 빼앗아 간다. 보상받기 위해 억지로 하는 '일'로 지각하기 때문이다. 보상으로 치환된 외적 동기가 단기적으로는 효과적일 수도 있다. 하지만 장기적으로는 부작용이 따를 수밖에 없다. 이미 외적인 동기로 치환되었기 때문이다. 외적 동기로 하게 되는 일은 결국 싫어할 수밖에 없다. 보상 때문에 하는 일이기 때문이다. 이 모든 과정의 핵심은 '자율성 훼손'에 있다. 결국 보상이 조작하는 것은 아이들의 자율성이다. 보상으로 하기 싫은 일을 하게 되기 때문이다.

◆ 사람에게 자율성은 얼마나 중요할까

인간에게 자율성이 얼마나 중요한지를 보여주는 심리학 실험 하나가 있다.[18] 1976년에 심리학 교수 엘렌 랭어 Ellen Langer가 발표한 논문으로, 자율성이 노인의 신체적 건강에 미치는 영향을 다룬 연구다. 지금까지 3,000번 이상 인용될 정도로 영향력 있는 논문이다. 미국 코네티컷주의 요양원에 거주하고 있던 91명의 노인을 대상으로 진행했다.

실험에 참여한 노인들은 두 개의 실험 조건 중 한 조건에 무작위로 배정되었다. 첫 번째 조건에 배정된 노인들은 '본인들이 본인의 삶에 대해 자율성을 가지고 있다'라고 생각하도록 조작되었다. 연구자들은 노인들에게 자기 방도 자기가 원하는 대로 꾸밀 수 있고, 친구도 아무 때나 요양원에 초청할 수 있는 자유가 있다고 생각해 보도록 권유했다. 자율성을 가지고 있다는 생각을 더욱 강화하기 위해 연구자들은 여러 개의 화분을 선물로 준비한 뒤 노인들에게 화분 하나를 자유롭게 선택해 원하는 방식으로 키우라고 말했다.

두 번째 조건에 배정된 노인들은 '요양원에 근무하는 직원들이 노인들의 삶에 대해 결정권을 가지고 있다'라고 생각하도록 조작되었다. 연구자들은 노인들에게 자기 방을 자기가 원하는 대로 꾸미는 것을 직원들이 허락해줘야 하고 친구를 아무 때나 요양원에 초청할 때도 직원들의 허락을 받아야 하는 상황을 생각해 보도록 권유했다. 직원들이 노인들의 삶에 대해 결정권을 가지고 있다는 생각을 강화하기 위해 연구자들은 선물로 준비된 여러 개의 화분 중 하나를 선택해 노인들에게 보여주며 직원들이 노인들을 대신해 키워주겠다고 말했다.

이 두 조건의 차이는 명확하다. 첫 번째 조건에서는 노인들이 요양원에서 자율성을 가지고 생활한다고 생각하도록 조작했고, 두 번째 조건에서는 요양원 직원들이 노인들에 대한 통제권을 가지고 있다고 생각하도록 조작했다. 3주 뒤에 연구자들은 첫 번째 조건과 두 번째 조건에 배정된 노인들의 신체적 건강과 정신 건강을 비교했다. 연구자들은 어떤 조건에 배정된 노인들이 더 좋은 건강 상태를 가지고 있는지 알고 싶었다.

결과를 논의하기 전에 명심해야 하는 두 가지 사실이 있다. 첫째는 실험에서 조작된 자율성이 무시할 정도로 사소하다는 점이다. 배정된 실험 조건과 상관없이 요양원에 있는 노인들은 원래부터 스스로 자유롭게 방도 꾸미고 친구도 부르며 화초도 키웠다. 평상시에 일상적으로 하는 일들이었다. 하지만 첫 번째 조건에서는 노인 스스로가 그런 일들에 대해 자율성을 가지고 있다고 생각하도록 조작했고, 두 번째 조건에서는 양로원 직원들이 노인들에 대한 통제권을 가지고 있다고 생각하도록 조작했다. 실생활에서 아무 의미가 없는 일들에 대해 자율성을 조작한 것이다.

둘째는 자율성의 실체를 조작한 게 아니고 자율성에 관한 생각만 조작했다는 점이다. 첫 번째 조건에 배정된 노인들이 직접 자율성을 행사한 것은 아니다. 그냥 자율성을 가지고 있다고 믿도록 생각만 조작했다. 두 번째 조건에서도 직원들이 노인들에게 직접 통제권을 행사한 것은 아니다. 노인들이 그렇게 생각하도록 조작만 한 것이다. 연구자들이 이렇게 작은 것을, 그것도 생각을 조작한 데는 특별한 이유가 있었다. 자율성이 삶에서 얼마나 중요한지를 증명하고 싶었기 때문이다.

◆ 자율성 훼손은
  인간을 극한으로 몰아간다

연구자들은 노인들의 실험 1주 전과 실험 3주 후의 건강 상태를 비교해 세 가지 측면에서 건강 상태를 확인했다. 첫 번째로 설문지를 통해 노인들에게 얼마나 행복하고 활동적인지를 직접 물어봤는데, 자율성이 있다고 생각한 노인들은 행복과 활동성 측면에서 실험 1주 전보다 실험 3주 후에 더 높은 점수를 받았다. 하지만 직원들이 통제권을 가지고 있다고 생각한 노인들은 실험 1주 전보다 실험 3주 후에 더 낮은 점수를 받았다.

두 번째로 연구자들이 노인들의 행동을 직접 관찰하며 민첩성을 확인했는데, 역시나 자율성이 있다고 생각한 노인들은 실험 3주 후에 더 높은 민첩성 점수를 받았다. 하지만 직원들이 통제권을 가지고 있다고 생각한 노인들은 실험 3주 후에 더 낮은 민첩성 점수를 받았다.

마지막으로 간호사들이 노인들의 일반적인 건강 상태를 검사했는데, 자율성이 있다고 생각한 노인들은 실험 3주 후에 더 좋은 건강 상태를 보였지만, 직원들이 통제권을 가지고 있다고 생각한 노인들은 실험 3주 후에 더 나쁜 건강 상태를 보였다.

연구자들은 이 세 가지 결과를 통합적으로 분석했다. 자율성이 있다고 생각한 노인 중에서는 93퍼센트가 실험 3주 후에 신체적·정신적 건강 상태가 더 좋아졌지만, 자율성이 없다고 생각한 노인 중에서는 29퍼센트만 실험 3주 후에 신체적·정신적 건강 상태가 더 좋아졌다고 밝혔다. 특히 조작한 자율성의 종류가 아주 사소했고 실제가 아니라 생각만 조작했다는 것을 고려하면 믿기 어려울 정도의 엄청난 차이다.

이 연구에서 더 충격적인 결과는 연구자들이 18개월 뒤에 요양원을 방문해서 노인들의 신체적·정신적 건강 상태를 검사했을 때 발견되었다. 특히 연구자들은 각 조건에서 몇 퍼센트의 노인들이 사망했는지를 확인했다. 자율성이 있다고 생각한 노인 중에서는 15퍼센트의 노인이 사망했지만, 자율성이 없다고 생각한 노인 중에서는 30퍼센트의 노인이 사망한 것을 발견했다. 사망률에서 두 배의 차이가 난 셈이다. 지각된 자율성 유무에 따라 신체적·정신적 건강 상태가 달라질 수 있다는 것도 놀라운 사실이지만 그것이 생사에까지 영향을 준다는 것은 충격에 가까운 결과다.

이 연구의 핵심은 자율성 훼손이 인간을 좀 더 빠르게 죽음으로 내몬다는 것이다. 그런데 더 흥미로운 사실은 보상이 자율성 훼손에 치명적인 상처를 입힌다는 점이다. 보상 때문에 억지로 그 일을 하게 되는 것이다. 보상을 주면 좋아하던 일조차도 싫어하게 되는 이유는 그로 인해 사람들의 자율성이 훼손되기 때문이다.

아이들이 살고 있는 현실은 자율성을 훼손하는 보상과 규율로 가득하다. 자율성이 존중되고 지켜지는 곳을 찾기 어려울 정도다. 그래서일까? 아이들의 일상은 항상 힘들고 고되다. 전부 하기 싫은 일들뿐이기 때문이다. 어른들을 위한 보상과 규율 역시 끝을 알 수 없을 정도로 즐비하다. 그래서 어른들은 아이들에게 "너 지금이 가장 행복한 때인 줄 알아! 공부할 때가 가장 좋은 때야!"라고 시간 날 때마다 외친다.

◆ 보상으로 아이들의 자율성이 훼손된다

요양원 실험에서 훼손된 노인의 자율성 정도는 사실 0에 가깝다. 생각만 조작하고 진짜 훼손한 게 아니기 때문이다. 그런데도 삶과 죽음의 경계를 갈라놓았다. 연구자들이 이런 조작을 사용한 이유는 자율성은 조금이라도 훼손되면 크나큰 대가를 치러야 한다는 것을 보여주기 위해서였다.

우리 아이들의 현실은 어떨까? 이보다 백배, 천배 더 큰 자율성 훼손이 구조화되어 있다. 좋은 성적, 좋은 대학교 입학, 좋은 직장 취업, 높은 연봉, 승진이라는 어마어마한 보상이 아이들의 자율성을 체계적으로 훼손한다. 생존과 직접적인 관련이 있는 영역에 부여되는 보상이기 때문에 이런 보상은 현실에서 더욱 큰 의미를 지닌다. 태어나면서부터 죽을 때까지 곳곳에 거대한 보상과 처벌이 기다리고 있는 셈이다. 누구도 피해 갈 수 없는 거대한 보상과 처벌이다. 우리 사회의 구조 자체가 보상과 처벌로 구조화되어 있기 때문이다. 이것은 완벽한 자율성 훼손이다. 이런 어마어마한 보상과 함께 아이들은 평생을 하고 싶지 않은 일을 하며 살게 된다. 그래서 인생이 힘들고 고되다.

목표를 위해 달려가는 삶이 즐겁다고 우리 자신을 속일 수는 있지만 이런 정신 승리가 필요한 이유는 역설적으로 보상과 함께하는 인생이 고되기 때문이다. 하지만 우리 아이들의 인생이 이렇게 처음부터 고되고 힘들 필요는 없었다. 공부도 좋아서 즐겁게 할 수 있었고, 대학교도 좋아서 다닐 수 있었으며, 직장도 좋아서 다닐 수 있었다. 모두 우리에게 즐거움을 줄 수 있는 것들이기 때문이다. 하지만 보상은 이런 일들에서 우리 아이들의 즐거움을 완전히 삭제해 버렸다. 본인이 간절히 원해 입학한 대학교에서 공부하는 게 당연히 즐거워야 하고, 오매불망하며 힘들게 취직한 직장에서의 생활도 즐거워야 하지 않겠는가? 당연히 그래야 하지 않겠는가?

하지만 현실은 전혀 그렇지 않다. 대학교 합격했을 때만 잠시 기쁠 뿐이다. 대학교에 들어오면 학점과 취업이라는 거대한 보상이 기다리고 있고, 아이들은 또다시 학점과 취업을 위해 억지로 공부하게 된다. 절대로 즐겁고 행복할 수 없는 구조다. 그렇게 해서라도 취업하고 나면 행복할까? 역시 그때뿐이다. 취업하면 또 다른 보상과 처벌이 기다리고 있기 때문이다. 슬프게도 우리 아이들은 평생 이런 과정을 반복하며 살아간다.

아무 생각 없이 질주하다가 40대를 지나고 50대가 다가오면 사람들은 묘한 생각에 잠기면서 '왜 이러고 살고 있지?' 하는 생각에 빠진다. 이런 생각에 빠지면 우울해진다. 자신이 목표로 하는 부를 이루지도 못하면서 평생 돈을 좇으며 살았다는 생각을 지울 수 없다. 자기 자신을 위해서 한 일이 아무것도 없다는 생각에 뒤늦은 후회가 몰려오기도 한다. 자기가 좋아하는 일을 한 번도 제대로 해본 적 없이 보상을 얻기 위해 일했기 때문이라고 추론할 수밖에 없다.

보상은 궁극적으로 자율성을 빼앗아 간 뒤 내적 동기를 떨어트린다. 내적 동기가 낮아진 일을 억지로 하면 사람들은 엄청난 정신적 스트레스와 싸워야 한다. 보상을 받기 위해 해야 하는 일이 되기 때문이다. 공부도 마찬가지고, 회사 일도 마찬가지고, 운동도 마찬가지고, 집안일도 마찬가지다. 세상의 모든 일이 보상이 주어지면 그렇게 된다.

◆ 직업 만족도가 높을수록
  보상과 상관없다

사람들은 본인이 하는 일이 보상과 직접적으로 연결되는 것을 좋아한다. 그런 일을 공평하고 정의로운 일이라고 생각한다. 하는 일이 보상과 직접적으로 연결되지 않으면 동기부여가 되지 않으며, 일의 능률을 높이기 위해서는 하는 일에 비례해 보상이 주어져야 한다고 말한다. 대표적인 예가 성과에 비례해서 보상을 지급하는 방식이다.

하지만 지금 이 장에서 계속 주장하는 것처럼 하는 일과 보상이 직접적으로 연결되면 사람들은 보상 때문에 일한다는 추론을 결코 피할 수 없다. 그러면 당연히 하는 일이 싫어지고 힘들어지며 보상의 노예로 전락하게 된다. 그러면서 인생이 힘들고 고되다고 이야기한다. 보상이 자율성을 훼손하기 때문이다. 보상이 일시적으로는 외적 동기를 올릴 수 있지만 그 뒤에는 엄청난 고통과 절망이 아이들을 기다리고 있다. 성과에 비례하는 보상을 지급하는 게 정의롭고 공평한 것처럼 보이지만 (사실 그런 측면이 있다) 그 보상은 결국 족쇄가 되어 우리 아이들을 평생 괴롭힐 것이다.

어찌 보면 일하면서 받는 월급도 보상의 일종이다. 월급 없이는 살 수 없으니, 그래도 보상이 있어야 하는 것 아니냐고 반문할 수 있다. 그렇다. 당연히 보상이 있어야 한다. 하지만 안타까운 사실은 '월급과 하는 일의 거리가 가까우면 가까울수록' 사람들은 일에 대한 동기를 잃기 쉽다는 점이다. 이 말은 팔린 물건에 비례해 월급을 받는다거나, 실적에 비례해 인센티브를 받는다거나, 일한 시간에 비례해 월급을 받게 되면 돈 때문에 일한다는 생각이 강해질 수밖에 없다는 뜻이다. 이런 일에 근무하는 사람들은 보상이 공평하다고 생각할 수는 있지만 '돈 때문에 일한다'는 생각으로 일이 더 힘들고 고되다.

반대로 '월급과 하는 일의 거리가 멀면 멀수록' 일에 대한 동기가 웬만해선 낮아지지 않는다. 한때 오랫동안 직업 만족도 1위를 유지한 직업이 학교 교장 선생님이다. 교장 선생님은 학교에서 여러 가지 일을 하는데 그 일 때문에 월급을 받는다고 생각하기가 어렵다. 무척 다양한 일을 하고, 각각의 일이 월급과 직접적으로 관련되지 않기 때문이다. 물건 하나를 팔 때마다 수입에 직접적인 연결이 되는 직업과는 완전히 다른 상황이다. 하지만 사람들은 공평과 정당이라는 이름으로 하는 일과 월급이 직접적으로 연결되는 직업을 선호한다. 훨씬 더 힘들어질 수 있다는 것을 모른 채 말이다.

일과 돈을 직접적으로 연결하는 행위는 돈으로 사람을 조작하면서 자율성을 크게 훼손하는 일이다. 그래서 만족도가 높은 직업의 대다수는 하는 일과 돈이 직접적으로 연결되지 않는다. 성과와 결과에 따라 연봉이 크게 달라지지 않는 직업들이다. 반면에 건수 혹은 성과에 의해 연봉이 결정되는 직업은 사람을 힘들게 한다. 좀 더 공평하고 합리적인 연봉 시스템처럼 느껴지지만 실상은 돈으로 삶을 조작하는 것이다.

스스로 결정하는 아이로
키우는 방법

경쟁과 생존이라는 현실의 벽에서 빠른 결과를 얻어야 하는 부모의 처지를 생각해 보면 왜 부모들이 보상을 중요한 동기부여 수단으로 사용하는지 이해할 수 있다. 하지만 그것은 얕은 조작일 뿐이다. 설사 대학교 입학에 성공했다 하더라도 조작의 부작용은 사라지지 않는다. 그중 하나가 학생들이 자기가 뭘 좋아하고 뭘 하고 싶어 하는지, 또 어떤 직업을 선택하고 어떻게 인생을 살고 싶어 하는지 모른다는 것이다.

사실 이런 현상이 대학생에게만 적용되는 것은 아니다. 이미 고등학교 때부터 이런 고민에 시달리는 학생도 많다. 공부를 잘하는 것과 아무런 상관이 없다. 공부를 잘하는 아이들은 장래에 하고 싶은 일을 입시를 위해 잘 포장할 뿐이다. 아이가 장래에 하고 싶은 일만 가지고 있어도 큰 다행이라고 생각하는 부모가 많다. 하지만 이런 소망은 현실에서 이뤄지기 어렵다. 오랜 시간 동안 보상으로 조작된 아이들은 이미 타고난 특성과 선호를 잊은 지 오래다. 대학입시라는 어마어마한 보상 앞에서 그런 것들이 무슨 의미가 있겠는가?

대학교에 입학하면 이 문제는 본격화된다. 많은 학생이 힘들어하고 방황한다. 본인이 선택한 전공을 좋아하는 학생을 찾아보기도 힘들다. 무늬만 대학생이지 고등학생 때와 특별히 다를 게 없어 보인다. 취업이라는 새로운 보상을 위해 달릴 뿐이다. 더욱 현실적인 보상이 눈앞에서 기다리니 또다시 적성과 선호는 힘을 잃는다. 인생에서 한 번도 자기의 적성과 선호를 기준으로 중요한 결정을 해본 적이 없기 때문이다. 취업을 준비할 때도 똑같은 고민은 반복된다. 어디에 취직할지, 무엇을 하며 인생을 살아갈지에 관한 질문들이 학생들을 괴롭힌다. 한 번도 결정다운 결정을 해본 적이 없기 때문이다. 보상에 따라 삶을 결정하며 살아왔기 때문이다.

그래도 대학교를 졸업할 때 이런 질문을 해본다는 것 자체가 의미 있는 일이다. 인생에서 처음으로 의미 있는 고민을 하는 것이다. 물론 또다시 보상에 따라 결정하겠지만 말이다. 고민의 근본적인 이유는 본인이 뭘 좋아하는지 모르기 때문이다. 자기가 좋아하는 것을 한 번도 선택해보지 않았기 때문이다. 그래서일까? 본인이 스스로 선택하고 결정해야 한다는 사실이 큰 부담으로 느껴진다. 본인 결정에 대한 책임을 지고 싶지 않기 때문이다. 결정에 대한 확신도 없다. 고민을 반복하다가 어쩔 수 없이 최대의 보상을 약속하는 곳을 기웃거리게 된다. 결정에 대한 확신이 없어서 주위 사람들의 선택을 항상 주의 깊게 살펴본다. 그렇게 보상의 노예가 되어 사회생활을 시작한다. 그리고 또 힘들고 고된 직장 생활을 하게 된다. 은퇴할 때까지 그렇게 산다.

이 모든 과정은 아이들이 보상으로 조작당할 때부터 시작된다. 아이가 스스로 하고 싶은 것을 찾고 결정한 게 아니다. 종종 부모가 원하지 않는 길을 가겠다고 선전포고하는 아이들이 있다. 부모와의 갈등으로 아이와 부모 모두가 힘든 시간을 보내는 가정을 많이 본다. 그들은 고민 상담을 신청하기도 한다. 이런 환경 속에서 아이와 부모의 관계는 끝도 없는 나락으로 떨어진다.

하지만 난 그런 아이를 보면 마음이 따뜻해지고 그 아이가 자랑스럽기까지 하다. 내 생각에는 그 아이의 부모도 뛸 듯이 기뻐해야 하는 게 맞는 것 같다. 세상에 널린 위대하고 무섭기까지 한 보상에 맞서 자기가 하고 싶은 것을 용감하게 선택하는 아이가 아닌가?

이런 아이들을 만나보기도 불가능한 시대이지만 내가 이런 아이들을 자랑스럽게 생각하는 이유는 그 아이들이 자기가 하고 싶은 일에 대한 높은 내적 동기를 품고 있기 때문이다. 돈 주고도 절대 살 수 없고 유산으로도 받을 수 없는 위대한 자산을 가진 셈이다. 보상으로 외적 동기가 판을 치는 세상에서 내적 동기를 품을 수 있다는 것 자체가 대단한 일이다. 또한 이런 아이들은 높은 내적 동기를 기반으로 열심히 노력해서 성공할 확률이 높다.

혹시 실패하더라도 큰 문제는 아니다. 자기가 스스로 선택하고 최선의 노력을 다했기 때문에 후회할 필요가 없다. 성공 여부와 상관없이 행복하고 의미 있는 삶을 개척해 가는 멋진 아이들이다. 보상으로 높아진 외적 동기에 의해 움직이는 아이들은 항상 힘들고 고단하며 실패했을 때 책임질 대상을 찾을 수밖에 없다. 그게 엄마일 수도 있고, 아빠일 수도 있고, 불공평하고 정의롭지 못한 세상일 수도 있다. 끝도 없는 후회와 자괴감으로 힘들어할 뿐이다.

◆ 부모의 역할은
환경과 기회를 제공하는 것이다

사람들이 서로 "아이를 참 잘 키우셨네요!"라는 말을 주고받는 것을 종종 보게 된다. 반대로 뒤에서 "아이를 잘 못 키웠네!"라는 말을 몰래 하는 경우도 있다. 이런 말을 하는 것을 보면 우리도 모르게 사람들은 자녀의 성공에 부모가 중요한 역할을 한다고 믿는 것 같다. 틀린 말은 아니다. 부모가 자녀의 성장에 큰 영향을 끼치는 것은 사실이다. 하지만 이 말이 백 퍼센트 맞는 것은 아니다. 이 세상에 본인 마음대로 안 되는 게 수없이 많지만, 그중에 제일 뜻대로 안 되는 것 하나를 꼽으라고 한다면 두말할 필요 없이 자녀 교육일 것이다. 절대로 자기 생각대로 안 되는 게 자녀의 일이다.

모든 부모는 자기 자녀가 잘 성장하기를 바란다. 그래서 최선의 노력을 기울인다. 본인을 위해서는 천 원도 아끼지만, 자식을 위해서라면 집도 팔겠다는 사람들이 많다. 하지만 아이들은 절대 부모가 원하는 방향으로 성장하지 않는다. 그래서 엄밀하게 이야기하면 아이를 잘 키웠다는 말도, 아이를 잘 못 키웠다는 말도 모두 틀렸다. 생각보다 부모의 영향력이 크지 않기 때문이다.

자녀가 네 명 있으면 신기하게도 네 명 다 다른 모습으로 성장한다. 효자나 효녀가 꼭 한 명 있고 속 썩이는 자식도 꼭 한 명 있다. 나머지 두 명은 그냥 평범하게 산다. 부모의 영향이 크면 네 명의 아이가 다 잘 성장하거나 다 잘 못 성장해야 하는데 실제로는 그렇지 않다. 정말 훌륭한 부모 밑에서 자랐으나 엉망인 아이들도 셀 수 없이 많다. 거꾸로 부모가 여러 가지 사정으로 전혀 신경 쓰지 않았는데도 아주 잘 성장한 아이들도 아주 많다.

부모보다는 환경이 자녀 교육에 훨씬 더 큰 영향력을 미친다고 주장하는 논문이 많다. 대표적인 환경 요인은 무엇일까? 친구들이다. 초등학교 때부터는 친구의 영향을 크게 받다가 중고등학교 때가 되면 최고치에 이른다. 맹모삼천지교는 과학적으로 백 퍼센트 사실이다. 아이가 어떤 환경에 놓이느냐에 따라 달라지는 것이지, 부모가 말로 아이를 교육할 수 있는 게 아니다. 어렸을 때는 듣는 척할 수 있지만 머리가 커지면 부모의 말을 듣지 않는다.

그래서 좋은 부모의 역할은 아이에게 좋은 환경을 제공하는 것이다. 여기서 좋은 환경이란 풍족한 재정적 지원만을 의미하는 것은 아니다. 좋은 친구를 만날 수 있는 환경이 훨씬 더 중요할 수 있다. 보상 관점에서 좋은 환경은 부모의 역할이다. 아이가 좋아하고 재능 있는 분야를 경험하게 해주는 것이다. 결국 아이가 좋아하는 일을 할 수 있도록 돕는 게 최고의 부모 역할이다.

그러나 오늘날 부모들은 보상이라는 시스템 앞에서 아이가 좋아하고 잘하는 것에는 관심이 없다. 그냥 보상으로 아이를 끝까지 몰아붙인다. 좋은 대학교에 입학하면 잘 먹고 잘 살 수 있다는 게 유일한 동기부여다. 공부하는 것을 좋아하든 싫어하든, 공부에 재능이 있든 없든 크게 상관하지 않는다. 그러면 그 일은 괴롭고 힘든 일이 되어버린다. 그렇게라도 잘하면 다행이겠지만 그러기가 쉽지 않다. 보상을 받기 위해 억지로 하기 때문이다.

◆ 아이들을 위해
자율성을 기획해야 한다

보상은 조작이다. 많은 부모가 보상을 통해 아이의 동기와 성과를 조작한다. 물론 세상도 보상을 통해 아이를 조작한다. 명분이 있어 보이고 동기부여에 도움이 될 거라고 믿는다. 하지만 보상에는 치러야 할 대가가 분명히 따른다. 특정한 상황이나 단기적 목표일 경우에는 순간적인 힘을 발휘할 수도 있으나 절대 영원할 수는 없다. 아이들의 자율성을 심각하게 훼손하기 때문이다.

자율성 훼손은 '하기 싫음'으로 발현된다. 하기 싫으면 이미 끝난 이야기다. 고등학생들은 수능이 끝나는 날만 기다린다. 대학생들은 방학만 기다린다. 직장인들은 퇴근 시간만 기다리고 평일에는 주말만 기다린다. 기다릴 것은 끝도 없이 많다. 월급날을 기다리고 승진도 기다린다. 평생을 기다리며 산다. 보상을 위해 달려가다 보면 하는 일이 싫어지기 때문이다. 이보다 힘든 삶이 어디 있겠는가? 어떻게 하루 시간의 대부분을 싫어하는 일을 하며 그것이 끝나기만을 기다리면서 살 수 있겠는가? 그것도 평생을 말이다. 사실은 그럴 필요도 없는데 말이다.

보상으로 아이들의 자율성을 훼손하지 말아야 한다. 모든 일에 보상이 없을 수는 없다. 노력한 만큼 대가가 따라야 하는 일은 아주 많다. 하지만 중요한 일에는 절대 보상이 있어서는 안 된다. 그러기 위해서는 자율성을 확장할 기회와 환경을 어릴 때부터 제공해야 한다. 스스로 선택하게 하고 결정하게 해야 한다. 그래야 아이가 무엇을 좋아하는지 스스로 깨달을 수 있다. 그래야만 아이가 어떻게 삶을 살아야 할지 스스로 그림을 그릴 수 있다.

죽을 때까지 아이의 선택을 결정해 줄 수 없다면 미리부터 아이 스스로 결정하도록 도와주어야 한다. 그것이 부모의 역할이다. 아이의 선택과 결정이 부모가 원하는 바와 다르다면 기뻐해야 한다. 아이가 좋아하는 일을 발견했다는 의미이기 때문이다.

성취동기를 끌어올리는
칭찬·긍정·보상의 3가지 훈육 원칙

"이제, 부모로서 나는 무엇을 해야 할까?" 이 책은 바로 이 질문에서 출발했다. 왜 선한 의도에서 비롯된 부모의 칭찬이 아이를 망치고, 긍정적인 태도가 실패를 부르며, 보상이 동기를 죽이는가? 답은 단순하다. 사랑의 마음은 충분하나 그 사랑을 표현하는 방식이 잘못되었기 때문이다. 그리고 그 잘못된 방식은 아이의 자율성과 성장을 조용히, 그러나 깊게 무너뜨린다. 이제 이 책을 덮는 당신에게 부모로서 꼭 기억해야 할 세 가지 메시지를 전하려 한다.

첫째, 거짓 칭찬보다 용기 있는 꾸중이 아이의 미래를 위한 책임 있는 선택이다. 많은 부모가 아이가 상처받을까 봐 꾸중을 피한다. 대신 어설픈 칭찬으로 감싸며 동기를 부여하려 한다. 하지만 나는 이 책을 통해 지금껏 분명히 그리고 반복해서 말했다. 진실한 꾸중이야말로 아이가 자기 삶을 책임지도록 이끄는 출발점이라는 것을.

아이에게 필요한 것은 현실을 외면하게 하는 거짓 위로나 과장된 칭찬이 아니다. 아이 스스로 자신의 행동을 돌아보게 하는 사실을 기반으로 한 진실한 피드백이다. 진실하지 않은 칭찬은 아이를 자기합리화에 빠뜨리고, 현실을 직시하지 못하게 만들며, 결국 성과는 낮아지고 정신 건강까지 해친다. 부모는 진실한 꾸중을 두려워하지 않아야 한다. 잘못했을 때 사실을 말하는 것, 그것이야말로 아이를 지켜주는 진짜 지지이며 부모의 책임 있는 사랑이다.

둘째, 긍정적인 태도보다 현실을 보는 힘을 길러주는 게 더 중요하다. 긍정적인 아이를 보면 안심이 된다. "이번 시험은 잘 볼 거야"라는 말에, "그래, 잘할 거야"라고 맞장구치고 싶은 마음이 든다. 하지만 나는 이 책에서 반복해서 강조했다. 긍정적인 말이나 밝은 표정만으로는 충분하지 않다는 것을. 현실 상태를 정확하게 인식하지 않은 긍정은 아무런 의미가 없다. 오히려 더 낮은 성과를 불러오고 정신건강을 헤치기까지 한다. 현실적인 태도가 포기하지 않고 나아가려는 힘을 만들어 낸다.

부모가 아이의 밝고 긍정적인 말 속에 숨은 불안과 자기기만을 알아 차리지 못하면, 아이는 자기가 어디쯤 서 있는지조차 모른 채 자기 과신에 빠지게 된다. 결국 노력하지 않고도 잘될 거라는 착각 속에서 실패를 반복한다. 부모가 아이에게 해줄 수 있는 가장 중요한 것은 아이 스스로 자신의 상태를 정확히 인식하고 판단할 수 있도록 돕는 일이다.

셋째, 보상이 아니라 자율성을 더 확장해 주어야 한다. 보상은 빠르고 강력한 수단이다. 숙제를 하면 게임을 시켜주고, 시험을 잘 보면 선물을 준다. 심지어 부모의 칭찬이나 기쁨조차 아이에게는 보상으로 작용한다. 물론 보상이 단기적 효과를 내는 것은 맞다. 그러나 보상에 따라 움직이는 순간 아이는 깨닫는다. '나는 지금 좋아서 하는 게 아니라, 보상을 위해 하는 것이다'라는 것을. 이런 인식이 시작되는 순간 아이는 그 일을 싫어하게 되고, 내적 동기는 무너진다.

더 큰 문제는 그다음이다. 보상에 익숙해진 아이는 삶의 선택 기준을 잃어버린다. 자기가 진짜 원하는 게 무엇인지, 무엇에 의미를 느끼는지 모른 채 계속해서 외부의 인정과 보상을 좇는다. 그렇기에 아이를 조작하는 도구로 보상을 사용해서는 안 된다. 보상은 결코 내적 동기를 부여하지 않는다. 오히려 자율성을 훼손하고, 자기 삶의 주도권을 잃게 만든다. 부모는 보상을 설계하는 사람이 아니라 자율성과 의미를 발견할 수 있는 환경을 만들어주는 사람이다.

부모가 아이에게 줄 수 있는 가장 큰 선물은 '잘해주는 것'이 아니라 '아이의 현실을 제대로 바라봐주는 것'이다. 칭찬은 아이의 기분을 좋게 하려는 말이 아니라 아이가 자신의 가치를 스스로 발견하도록 돕는 피드백이어야 한다. 긍정은 막연한 낙관이 아니라 현실을 직시하면서도 포기하지 않도록 이끄는 태도여야 한다. 보상은 외적 유인이 아니라 아이의 자율성과 의미를 확장하는 환경이어야 한다. 거짓 칭찬, 긍정, 보상으로 아이를 조작하려 하기보다 아이가 스스로 해내고 성장하도록 돕는 것, 그것이 부모의 진짜 역할임을 잊지 말기 바란다.

주석

1) Kim, Y-H., Chiu, C-y., & Zou, Z. (2010). Know thyself: Misperceptions of actual performance undermine subjective well-being, future performance, and achievement motivation. Journal of Personality and Social Psychology, 99, 395-409.

2) Ibid.

3) Ibid.

4) Lee, H. I., Kim, Y. H., Kesebir, P., & Han, D. E. (2017). Understanding when parental praise leads to optimal child outcomes: Role of perceived praise accuracy. Social Psychological and Personality Science, 8, 679-688.

5) Kim, Y-H., Chiu, C-y., & Zou, Z. (2010). Know thyself: Misperceptions of actual performance undermine subjective well-being, future performance, and achievement motivation. Journal of Personality and Social Psychology, 99, 395-409.

6) Kim, Y-H., & Chiu, C-y. (2011). Emotional costs of inaccurate self-assessments: Both self-effacement and self-enhancement can lead to dejection. Emotion, 11, 1096-1104.

7) College Board (1976-1977). Student Descriptive Questionnaire. Princeton, NJ: Educational Testing Service.

8) Svenson, O. (1981). Are we all less risky and more skillful than our fellow drivers?. Acta psychologica, 47(2), 143-148.

9) Fowers, B. J., Lyons, E., Montel, K. H., & Shaked, N. (2001). Positive illusions about marriage among married and single individuals. Journal of family psychology, 15(1), 95.

10) Cross, K. P. (1977). Not can, but will college teaching be improved?. New Directions for Higher Education, 1977(17), 1-15.

11) Heine, S. J., Lehman, D. R., Markus, H. R., & Kitayama, S. (1999). Is there a universal need for positive self-regard?. Psychological review, 106(4), 766.

12) Kim, Y-H., Chiu, C-y., Peng, S., Cai, H., & Tov, W. (2010). Explaining East-West differences in the likelihood of making favorable self-evaluations: The role of evaluation apprehension and directness of expression. Journal of Cross-Cultural Psychology, 41, 62-75.

13) Lepper, M. R., Greene, D., & Nisbett, R. E. (1973). Undermining children's intrinsic interest with extrinsic reward: A test of the "overjustification" hypothesis. Journal of Personality and social Psychology, 28(1), 129.

14) Lepper, M. R., Sagotsky, G., Dafoe, J. L., & Greene, D. (1982). Consequences of superfluous social constraints: Effects on young children's social inferences and subsequent intrinsic interest. Journal of Personality and Social Psychology, 42(1), 51-65.

15) Greene, D., Sternberg, B., & Lepper, M. R. (1976). Overjustification in a token economy. Journal of Personality and Social Psychology, 34(6), 1219-1234.

16) Deci, E. L., Koestner, R., & Ryan, R. M. (1999). A meta-analytic review of experiments examining the effects of extrinsic rewards on intrinsic motivation. Psychological bulletin, 125(6), 627.

17) Iyengar, S. S., & Lepper, M. R. (1999). Rethinking the value of choice: A cultural perspective on intrinsic motivation. Journal of Personality and Social Psychology, 76(3), 349-366.

18) Langer, E. J., & Rodin, J. (1976). The effects of choice and enhanced personal responsibility for the aged: a field experiment in an institutional setting. Journal of personality and social psychology, 34(2), 191.

KI신서 13585

함부로 칭찬하지 마라

1판 1쇄 인쇄 2025년 5월 13일
1판 1쇄 발행 2025년 6월 4일

지은이 김영훈
펴낸이 김영곤
펴낸곳 (주)북이십일 21세기북스

인문기획팀 팀장 양으녕 책임편집 이지연 마케팅 김주현
디자인 엘리펀트스위밍
마케팅팀 남정한 나은경 한경화 권채영 최유성 전연우
영업팀 한충희 장철용 강경남 황성진 김도연
제작팀 이영민 권경민

출판등록 2000년 5월 6일 제406-2003-061호
주소 (10881) 경기도 파주시 회동길 201 (문발동)
대표전화 031-955-2100 팩스 031-955-2151 이메일 book21@book21.co.kr

(주)북이십일 경계를 허무는 콘텐츠 리더

21세기북스 채널에서 도서 정보와 다양한 영상자료, 이벤트를 만나세요!
페이스북 facebook.com/jiinpill21   **포스트** post.naver.com/21c_editors
인스타그램 instagram.com/jiinpill21   **홈페이지** www.book21.com
유튜브 www.youtube.com/book21pub

당신의 일상을 빛내줄 탐나는 탐구 생활 <탐탐>
21세기북스 채널에서 취미생활자들을 위한 유익한 정보를 만나보세요!